本教材获得浙江省一流学科建设经费支持

——— 法 学 创 新 课 程 教 材 ———

知识产权管理

周 澎 ◎ 著

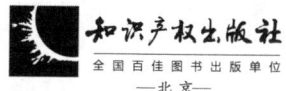

全国百佳图书出版单位

—北京—

图书在版编目（CIP）数据

知识产权管理／周澎著 . —北京：知识产权出版社，2024.6
法学创新课程教材
ISBN 978－7－5130－9370－5

Ⅰ.①知… Ⅱ.①周… Ⅲ.①知识产权—管理—高等学校—教材 Ⅳ.①D913.4

中国国家版本馆 CIP 数据核字（2024）第 102718 号

责任编辑：刘 江　　　　　　　　　责任校对：王 岩
封面设计：乾达文化　　　　　　　　责任印制：刘译文

法学创新课程教材

知识产权管理

周　澎　著

出版发行：	知识产权出版社 有限责任公司	网　　址：	http://www.ipph.cn	
社　　址：	北京市海淀区气象路 50 号院	邮　　编：	100081	
责编电话：	010－82000860 转 8344	责编邮箱：	liujiang@cnipr.com	
发行电话：	010－82000860 转 8101/8102	发行传真：	010－82000893/82005070/82000270	
印　　刷：	天津嘉恒印务有限公司	经　　销：	新华书店、各大网上书店及相关专业书店	
开　　本：	720mm×1000mm 1/16	印　　张：	15.25	
版　　次：	2024 年 6 月第 1 版	印　　次：	2024 年 6 月第 1 次印刷	
字　　数：	225 千字	定　　价：	78.00 元	
ISBN 978－7－5130－9370－5				

出版权专有　侵权必究
如有印装质量问题，本社负责调换。

总　序

党的二十大报告提出，要坚持全面依法治国，推进法治中国建设。建设法治中国离不开高素质法律人才，培养法律人才离不开法学院师生的薪火相传。韩愈曾言：师者，所以传道、授业、解惑也！三者之中，传道为先。周敦颐亦言：文以载道。作为法学院之教师，欲传法治之道，当著法治之书。故编撰法学教材，乃法学教师义不容辞之事。杭州师范大学法学院成立于2001年，设有法学与知识产权两个本科专业。2009年法学专业成为浙江省重点建设专业，2011年民商法学获批浙江省重点学科，2011年获批法学一级学科硕士点，2015年获批浙江省一流学科B类，2017年获批浙江省"十三五"特色专业建设，2016年和2018年分别获得法治教育硕士学位授予权和法律硕士学位授予权。

学院坚持以人才培养为中心，以科学研究为龙头，鼓励教师从事高水平学术研究。近年来，学院教师先后在《中国社会科学》《法学研究》《中国法学》《中外法学》《知识产权》等刊物发表学术论文400余篇，主持国家社科基金项目及其他科研项目60余项。学院倡导教师将研究成果融入教学活动，广大教师对此热切回应，积极将自己的学术研究成果吸纳到教学环节，认真撰写高水平的教学大纲及课程教案。学院组织院内外专家对学生评价较高的教师教案进行评估，从中挑选出一部分优秀教案。评估专家认为入选的优秀教案具有向法学教育界推广的价值，学院遂与知识产权出版社协商一致，决定将上述优秀教案整理出版为相应教材。学院与出版社本着鼓励学术传承，打造精品教材的追求，对入选教材由最初教案编写者与讲授同一门课的其他

知识产权管理 >>>

教师共同按照精品教材的标准进行打磨，不急功近利，唯竭诚作则，以期达到国内同类教材的最高水准。

孔子云："人能弘道，非道弘人。"杭州师范大学沈钧儒法学院的教师秉承沈钧儒先生崇尚法治的理念，紧跟时代步伐，为弘扬法治之道，培养优秀法治人才而砥砺前行。相信杭州师范大学沈钧儒法学院法学创新课程教材的出版能够为高校法治人才的培养做出自己的贡献。

杭州师范大学沈钧儒法学院法学学科负责人　蒋铁初

目 录

上篇 基础理论篇

第一章 知识产权管理总述 / 3
　　第一节　知识产权概述 / 5
　　第二节　知识产权管理概述 / 14
　　第三节　知识产权管理体系 / 22
　　第四节　知识产权制度与知识产权管理的关系 / 42

第二章 知识产权管理的理论基础 / 45
　　第一节　知识产权管理的经济学基础 / 45
　　第二节　知识产权管理的管理学基础 / 55
　　第三节　知识产权管理的政策学基础 / 64

中篇 国家战略篇

第三章 国家知识产权战略概述 / 77
　　第一节　国家知识产权战略概述 / 78
　　第二节　国家知识产权战略的体系结构 / 88
　　第三节　国家知识产权战略绩效评估 / 95

第四章 国家知识产权科技战略介绍 / 101
　　第一节　美国专利制度战略介绍 / 102

第二节 日本"科技立国"战略布局 / 104

第五章 国家文化知识产权战略介绍 / 110
第一节 美国文化战略介绍 / 110
第二节 英国文化创意战略介绍 / 111
第三节 日韩文化立国战略介绍 / 112

第六章 国家知识产权战略的产业政策介绍 / 114
第一节 知识产权两个链条的含义 / 114
第二节 "双链融合"中的知识产权战略 / 115
第三节 我国产业"双链融合"中的知识产权战略 / 116

下篇 企业战略管理篇

第七章 企业知识产权战略管理总述 / 121
第一节 企业战略管理概述 / 123
第二节 企业知识产权战略管理概述 / 135
第三节 企业知识产权战略管理的实施与调整 / 142

第八章 企业知识产权创造战略管理 / 146
第一节 文化类企业知识产权创造战略管理 / 148
第二节 技术类企业知识产权创造战略管理 / 153
第三节 品牌类企业知识产权创造战略管理 / 160

第九章 企业知识产权取得战略管理 / 165
第一节 企业著作权取得战略管理 / 166
第二节 企业专利权取得战略管理 / 173
第三节 企业商标权取得战略管理 / 181

第十章 企业知识产权运行战略管理 / 190
第一节 著作权权利限制与企业知识产权运行战略管理 / 190

第二节　标准必要专利与企业技术资产运行战略管理 / 200

第三节　商标使用与品牌运营战略 / 204

第十一章　企业知识产权保护战略管理 / 209

第一节　著作权保护与企业核心版权产业战略管理 / 209

第二节　专利权保护与企业技术生命战略管理 / 217

第三节　商标保护与企业品牌培育发展的战略管理 / 223

致　谢 / 234

上 篇
基础理论篇

实现国家"善治"就是使公共利益最大化的社会管理过程，其基本内容是重构传统政治体制下的公共权力，即治理结构的权力配置必须科学合理、协调高效。[1]

——吴汉东

知识产权制度作为激励自主创新的制度，本身需要实施有效的管理作为手段加以实现，知识产权管理本身也是实现自主创新全过程的有效保障。[2]

——冯晓青

---

[1] 吴汉东. 国家治理能力现代化与法治化问题研究 [J]. 社会治理法治前沿年刊, 2015: 6-21.

[2] 冯晓青. 构建科学有效的知识产权管理体制 [N]. 中国知识产权报, 2011-12-28 (1).

本篇简介

本篇从知识产权制度的创设与发展出发,引出知识产权制度与知识产权管理之间的关系,从而明确想要准确把握知识产权管理,需要分别了解知识产权是什么、知识产权管理又是什么。与此同时,在知识产权管理的构建中,往往需要一定的理论基础进行指导,并将其理论部分融入中篇和下篇的应用中。基于此,本篇将分为两个章节进行阐述。第一章为知识产权管理总述,分为四节。第一节主要进行知识产权的概述。主要介绍知识产权的概念、性质以及权利体系等内容,重点要求把握我国《民法典》第123条对知识产权的定义与内涵。第二节主要进行知识产权管理的概述,这一概述仅为介绍性内容,目的在于普及知识产权管理的定义、类型。第三节主要介绍知识产权管理体系中机构以及职能部门的划分,并分析当今产业开放式创新背景下企业知识产权管理应当作出的反思。第四节则是分析知识产权管理与知识产权制度之间的相互作用,为中篇和下篇的展开进行铺垫。第二章为知识产权管理的理论基础,分为三节。第一节主要分析知识产权管理的经济学基础,第二节主要分析知识产权管理的管理学基础,第三节主要分析知识产权管理的政策学基础。

第一章　知识产权管理总述

教学目标：
1. 理解知识产权的概念、性质、特征等体系化内容；
2. 了解管理的内涵；
3. 理解知识产权管理的概念、特征等内容；
4. 分析知识产权制度与知识产权管理的关系；
5. 了解知识产权管理的经济学、管理学和政策学理论基础。

学习知识产权管理知识，首先要了解的就是知识产权与知识产权管理的关系，其次需要对知识产权、管理和知识产权管理的相关体系化内容进行把握，同时在知识产权管理的基础概念与基础知识之上，对经济学、管理学和政策学的理论基础进行一定了解，有助于培育学生知识产权管理学习的国际化、现代化和体系化思维，提升学生的人才素养。

▶ **开篇引入：知识产权制度的创设与知识产权管理的诞生**

纵观知识产权制度的发展史，实则是一部"特权"演变史。知识产权制度的起源，可追溯至中世纪欧洲君主赋予一些工商业者在特定商品上的垄断经营特权。1421年，意大利一位名叫布鲁内列斯基（Brunelleschi）的建筑师发明了"装有吊机的驳船"，国家则授予其技术保护3年的垄断权。1474年，威尼斯颁布了世界上第一部《威尼斯专利法》，最早以专利的形式给予发明以制度性的保护。❶ 而正式确立专利制度的则是英格兰1623年制定的《垄断法规》，这是世界上有关专利保护的第一部书面法律。❷ 随后，美国于1790年、法国于1791年、荷兰于1817年、德国于1877年分别先后颁布了其国内最早的专利法。1709年英国颁布的《安娜女王法令》，标志着世界上第一部版权法的诞生。商标制度的诞生较晚，即1857年由法国制定，法国制定的《商标法》奠定了其世界第一部商标法的地位。

对于我国而言，知识产权制度实则被誉为舶来品。虽然有学者认为，我国近现代意义上的知识产权制度始于清朝末年，即可通过1898年的《振兴工艺给奖章程》、1904年的《商标注册试办章程》、1910年的《大清著作权律》等法令加以佐证。但限于中国当时的历史条件，我国近代知识产权制度基本未发挥出其应有的作用。新中国成立后，我国对知识产权法律的颁行进行了一定的探索，包括1950年政务院颁布的《商标注册暂行条例》和《保障发明权与专利权暂行条例》、1963年国务院发布的《商标管理条例》和《发明奖励条例》等。但总体而言，我国这一时期的知识产权制度建设仍不完备。1978年改革开放后，我国知识产权制度才被深度激活，但也经历了"被动接受"到"选择安排"再到"主动调整"的三个阶段。❸ 从改革开放到2023年，我国知识产权制度已走了45年的历程，在知识产权国际形势一片大好的情况下，知识产权的保护、创造、运用和管理均有了不同的发展契机。尤其是知识产权管理在知识产权战略中的重要性，已经不言而喻。

宋健在1992年中美知识产权管理研讨会上的讲话中指出，知识产权管理涉及科技界、经济界和法律界在广泛领域的合作问题。❹ 追溯至1990年英国《知识产权管理》杂志的创办，以及其每一期提供的有关知识产权及管理方面的最新评论、数据和权威分析等内容来看，知识产权管理涉及国家政策、

---

❶ 何敏. 知识产权法总论［M］. 上海：上海人民出版社，2011：28.
❷ Idris B K. Intellectual property: a power tool for economic growth［J］. WIPO Magazine, 2009: 13.
❸ 吴汉东. 知识产权总论［M］. 4版. 北京：中国人民大学出版社，2021：245-250.
❹ 宋健，芮效俭，邓楠. 在中美知识产权管理研讨会上的讲话［J］. 科技与法律，1992（2）：1-4.

法律制度、企业实践等方方面面。而2003年全球白页公司创办的《知识资产管理》，则将知识产权管理定位为"实现企业知识产权价值的最大化"，也就意味着知识产权变为了企业的一种工具，以此来指导企业如何从版权、专利、商标和商业秘密中获得最大的价值。可见，知识产权制度的创设是知识产权实现市场经济的重要制度保障，本书则认为，知识产权管理与知识产权制度之间是一种包含与被包含的关系。

综观现在，宏观如国家知识产权战略、知识产权制度体系的构建，中观如行业的国际技术标准、行业规范等出台，微观如企业自身的运作，无一不让我们时时刻刻处在知识产权管理之中，而又无法具体言明其是什么。例如，我们无时无刻不折服于美国"三片"（好莱坞的影片、麦当劳的薯片和微软的芯片），却也在不断开创着可以与之匹配的国产"三片"（影视作品、中式快餐和国产科技产品），并通过良好的版权、商誉和专利管理实现价值的最大化和最优化。当置身于以信息网络为代表的"信息革命"和以人类基因图谱为代表的"生物革命"的当下，如何将知识产权制度与知识产权管理进行推动，似乎永远没有答案。

第一节　知识产权概述

准确把握知识产权管理的内容之前，需要先了解知识产权包括概念、性质、特征和权利体系在内的体系化内容。

一、知识产权的概念

知识产权的英文"intellectual property"、法文"propriété intellectuale"、德文"gestiges eigentum"，其原意均是"知识（财产）所有权"或者"智慧（财产）所有权"。在1986年《中华人民共和国民法通则》颁布并确立"知识产权"这一称谓之前，学界曾长期采用"智力成果权"的说法。

关于知识产权概念的定义方法，主要包括"列举主义"与"概括主义"。

"列举主义"，是通过系统地列举知识产权所保护的权项、划定具体的权利体系范围来加以明确。例如，按照《成立世界知识产权组织公约》第2条8款规定，知识产权类型有著作权与邻接权、专利权或（和）发明权、发现权、外观设计权、商标权及其他标记权、反不正当竞争的权利以及其他基于智力活动产生的权利。《与贸易有关的知识产权协定》（以下简称《知识产权协定》，TRIPS）第一部分第1条规定，该协定所保护的知识产权是指第二部分第1节及第7节所列举的著作权与邻接权、商标权、地理标志权、外观设计权、专利权、集成电路布图设计权、商业秘密权。"概括主义"，则是抽象概括出知识产权所保护对象的共同属性，以"属加种差"的方式给出知识产权的定义。例如，世界知识产权组织（WIPO）出版的《知识产权阅读资料》认为，"知识产权广而言之，意味着智力活动在工业、科学、文学和艺术领域所产生的合法权利。"❶ 有鉴于此，学者们对知识产权的定义进行新的概括：（1）"知识产权是基于创造性智力成果和工商业标记依法产生的权利的统称。"❷（2）"知识产权是人们对于自己的智力活动创造的成果和经营管理活动中的标记、信誉依法享有的权利。"❸（3）"知识产权是民事主体依据法律的规定，支配其与智力活动有关的信息，享受其利益并排斥他人干涉的权利。"❹

"列举主义"的方法，具有表述清楚、明确且直观的特点，但也存在无法回答为什么不同类别的权利可以被统称为知识产权、不同权利之间的内在共同特征是什么等问题的不足。❺"概括主义"高度抽象，表述简要，但其问题的关键在于概括是否准确、恰当且具有最大包容性。❻ 可见，知识产权无法在国际上达成完全一致的意见，但亦各有千秋。

---

❶ 郭寿康. 知识产权法 [M]. 北京：中共中央党校出版社，2002：5.
❷ 刘春田. 知识产权法 [M]. 北京：高等教育出版社，2002：3.
❸ 吴汉东. 知识产权法学 [M]. 北京：北京大学出版社，2000：1.
❹ 张玉敏. 知识产权法教程 [M]. 重庆：西南政法大学出版社，2001：1.
❺ 张勤. 知识产权基本原理 [M]. 北京：知识产权出版社，2012：3-4.
❻ Cornish WR. Intellectual property: patents, copyright, trade marks and allied rights [M]. Matthew Bender & Company, 2013：263-304.

如是而言，上述定义方法均反映了知识产权的概念特征：（1）知识产权是区别于传统所有权的另类权利，是产生于精神领域的非物质化的财产权；（2）知识产权不等于智力创造性成果权，以知识产权名义所统领的各项权利并非都是来自知识领域，亦非都是基于智力成果而产生；（3）知识产权是法定之权，其产生一般须由法律所认可。

在我国，2020年《民法典》的颁行，再一次明确将知识产权纳入民法体系，其第123条的原则性条款的确立，亦明确定义了知识产权的概念。该条规定，"民事主体依法享有知识产权。知识产权是权利人依法就下列客体享有的专有的权利：（一）作品；（二）发明、实用新型、外观设计；（三）商标；（四）地理标志；（五）商业秘密；（六）集成电路布图设计；（七）植物新品种；（八）法律规定的其他客体。"

二、知识产权的性质

《知识产权协定》在其序言中宣示"知识产权为私权"，以私权名义强调了知识财产私有的法律性质。权利本体的私权性是指知识产权归类于民事权利范畴的基本依据。私权是与公权相对应的一个概念，指的是私人（包括自然人、法人和其他组织）享有的各种民事权利。所谓私权，即私的权利。我国《民法典》第123条表明了民事权利的体系建构和知识产权的私法回归，回应了《知识产权协定》的"知识产权为私权"的本质内涵。该条以"列举式"规定+"兜底"规定的方式，从客体的角度对知识产权的性质进行了描述：（1）以民事主体表明它们都是一种"私人的权利"；（2）以物或行为类分的权利客体，表明它们是"私有的权利"；（3）允许个人对知识产权的权利行使遵从"意思自治"原则，表明其是区别于公共利益的"私益的权利"。

三、知识产权的特征

知识产权客体的非物质性是其本质特征，一般特征包括专有性、地域性和时间性。

(一) 客体的非物质性

知识产权所保护的客体是知识产品。知识产品通常是人们在科学、技术、文化等知识形态领域中创造的精神产品，主要包括文学艺术作品和科学作品、发明创造、商业标志、商业秘密等。其特点主要包括创造性、非物质性和公开性。其中知识产品的非物质性是核心性质，指知识产品的存在不具有一定的形态（如固态、液态、气态等），不占有一定的空间。人们对它的"占有"不是一种实在而具体的控制，而表现为认识和利用。某一物质产品，在一定的时空条件下，只能由某一个人或社会组织来实际占有或使用，所有人能够有效地管理自己的有形财产，以排除他人的不法侵占。比如一支钢笔，一般情况下不可能同时由两个人占有或使用。而一项知识产品则不同，它可以为若干主体同时占有，被他们共同使用。例如一项技术，既可以被武汉的企业在生产中运用，在该企业毫不知情的情况下，也可以同时被杭州的企业运用。知识产品虽然具有非物质性特点，但总是要通过一定的客观形式表现出来，这种客观表现形式是对其进行知识产权保护的条件之一。

小贴士

1. 知识产品的马克思劳动价值理论分析

根据马克思的劳动价值理论分析，智力劳动也是一种生产劳动，作为智力劳动成果的知识也是一种劳动产品，知识产品本身与采用知识生产的物质产品一样，都具有有用性和稀缺性，从而具备了使用价值和交换价值。

知识产品的有用性表现在它能够满足人们精神生活的需要，也能够投入生产领域转化为有形的物质产品，满足人们物质生活的需要。

知识产品的稀缺性表现在知识产品生产的长期性、复杂性和高成本化以及知识产品创造者的高素质，相对于社会需求而言，知识产品常常存在供给不足的问题。

2. 知识产品的客观表现形式

知识产品虽然具有非物质性特点，但总是要通过一定的客观形式表现出来，这种客观表现形式是对其进行知识产权保护的条件之一。例如，作品表现为文字著述、舞台表演、绘画、雕塑、音像制品等；发明创造表现为权利要求书、设计图表、形状构造等；商标表现为图案、色彩、符号、文字等。

3. 知识产品的创造性要求

专利权要求发明具有"技术先进性"（或称为"非显而易见性"），著作权要求作品具有"独创性"（或称为"原创性"），而商标权则要求商标具有"可识别性"（或称为"易于区别性"）。

（二）专有性

知识产权的专有性可以概括为"合法垄断，赢家通吃"。（1）知识产权是一种合法垄断的权利。尽管知识产品处于公开、公知的状态，但仅为权利人独占使用，其专有权利受到法律严格保护。客体的公开性与权利的专有性，是知识产权有别于所有权的权利属性基础所在。（2）知识产权是某种程度的市场独占。在法律允许的范围内，权利人可以"垄断"知识产品的使用方式、使用范围以及使用价格等，这是知识产权不同于所有权的权利行使状态。（3）知识产权是法律对特定知识产品的专有授权。对同一项知识产品，不允许有两个以上的同一种知识产权并存。例如，两个相同的发明物，根据法律程序只能将专利权授予其中的一个，而后来的发明与已有专利技术相比，如无突出的实质性特点和显著进步，也不能授予相应的权利，这一权利取得方式完全不同于一个物体即一项权利的所有权。

（三）地域性

知识产权作为一种专有权，其效力受地域限制，即具有严格的地域性。知识产权的这一特点有别于有形财产所有权。一般来说，对财产所有权的保护原则上没有地域性的限制。无论是公民从一国或地区移居另一国或地区的财产，还是法人因投资、贸易从一国或地区转入另一国或地区的财产，都照样归权利人所有，不会发生所有权失去法律效力的问题。知识产权则不同，按照一国或地区法律获得承认和保护的相关权利，只能在该国或地区范围内发生法律效力，其他国家或地区对这种权利没有保护的义务，任何人均可在自己的国家或地区内自由使用该知识产品，既无须取得权利人的同意，也不必向权利人支付报酬。

 小贴士

中国知识产品如何获得海外保护

中国的知识产品要想在他国获得保护，就必须参加知识产权国际保护体系。对于作品而言，由于著作权是作品在创作完成之后自动获得的权利，所以只要中国加入了相应的著作权国际公约，作品就可以在公约的全体成员方受到保护。而对于专利和商标而言，由于它们需要经过申请注册才能产生权利，所以要想在他国获得保护，就必须在其他国家也提出专利和商标的注册申请。

（四）时间性

知识产权既不是无限空间的绝对垄断权利，也不是没有时间限制的永恒权利。知识产权时间性的特点表明，这种权利仅在法律规定的期限内受到保护，一旦超过法律规定的有效期限，这一权利就自行消灭，相关知识产品即成为整个社会的共同财富，为全人类所共同使用。知识产权在时间上的有限性，是世界各国为了促进科学文化发展、鼓励智力成果公开所普遍采用的原则。知识产权的目的在于采取特别的法律手段调整因知识产品创造或使用而产生的社会关系。这一制度既要促进文化知识的广泛传播，又要注重知识产品创造者的合法利益，协调创造者个人利益和社会公共利益之间的协调发展。知识产权时间限制的规定，正好为两种利益的协调发展提供了一个平衡器。知识产权的时间性也存在例外，对于商标权而言，法律虽然规定了保护期，但同时也规定了一个续展制度，每续展一次可以将商标权的保护期延长。从理论上而言，商标权人可以通过无数次的续展而使商标权的保护期无限延长。

同样，针对商业秘密而言，只要权利人的保密措施到位，商业秘密永远不泄露，那么商业秘密权的法律保护期也是可以无限延长的。

 小贴士

我国法律对知识产权保护期限的规定

我国法律规定，著作权的保护期限一般为作者终生加死后50年，截止于第50年的12月31日；专利权的保护期限为：发明专利20年，实用新型10年，外观设计15年，从申请之日起算；商标权的保护期限为10年，从核准之日起算，可续展。

四、知识产权权利体系

《成立世界知识产权组织公约》第2条第（8）款规定：知识产权类型有著作权与邻接权、专利权或（和）发明权、发现权、外观设计权、商标权及其他标记权、反不正当竞争的权利以及其他基于智力活动产生的权利。《知识产权协定》第一部分第1条规定，该协定所保护的知识产权是指第二部分第1节及第7节所列举的著作权与邻接权、商标权、地理标志权、外观设计权、专利权、集成电路布图设计权、商业秘密权。

如果按照权利来源不同，知识产权可以分为创造性成果权和经营性标记权。创造性成果权包括著作权（邻接权）、专利权、商业秘密权、集成电路布图设计权、植物新品种权。该类权利保护的知识产品都是人们智力活动创造的成果，一般产生于科学技术、文化等领域，一定程度的创造性是该类知识产品取得法律保护的必要条件。而经营性标记权则包括商标权、商号权、域名权、地理标志权等，该类权利保护的是标示产品来源或经营厂家的区别性标记，主要作用于工商业经营活动之中。可区别性是该类标记的基本特征，法律保护的目的是防止他人对该类标记的仿冒（见图1-1）。

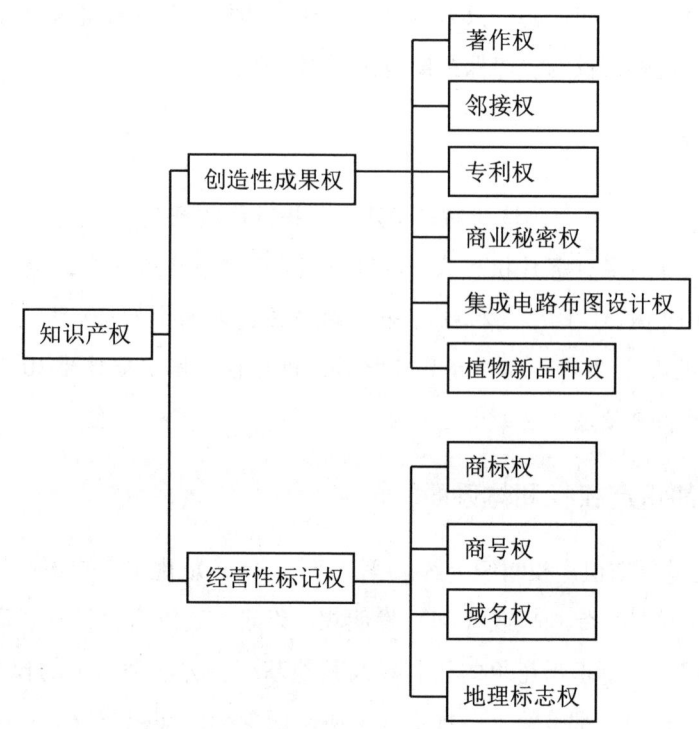

图1-1 知识产权具体分类

依据我国《民法典》第123条之规定,知识产权权利体系可如图1-2所示:

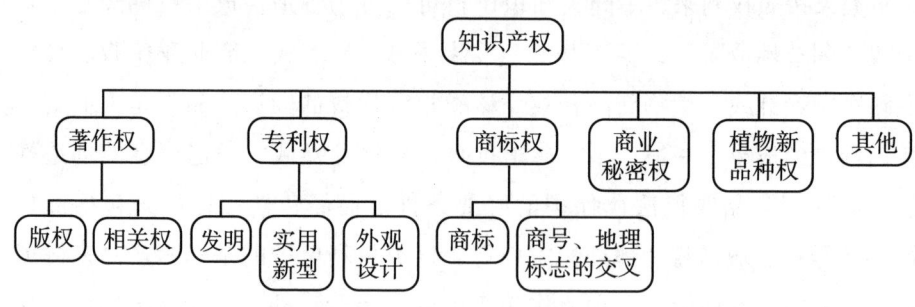

图1-2 知识产权权利体系

可见,基于一般和特殊,知识产权可以分为广义和狭义两类。广义的知识产权包括著作权及其邻接权、商标权、商号权(企业名称权)、商业秘密权（未公开信息权）、专利权、集成电路布图设计权、植物新品种权、地理标志权、域名权等。而狭义的知识产权，即传统意义上的知识产权，包括著作权（含邻接权）、专利权、商标权三个主要组成部分。

五、知识产权制度的特征

知识产权制度是当代国际经济、文化、科技贸易领域中的一种法律秩序，反映了当代知识产权制度现代化和国际化的基本特征。

（一）鲜明的现代化特征

知识产权制度具有鲜明的现代化特征，立法者总是意图通过法律制度的现代化去推动科学技术的现代化。现代知识产权法保护的网络技术和基因技术，是知识革命中最具有代表性和影响力的时代技术。对以私权形式存在的网络版权和基因专利给予尊重和保护是必要的。这种对知识体系和技术性知识的信任是人们在风险社会中获得和持有本体性安全的基础和保证。

（二）国际法高于国内法

立法一体化的基础是国际法高于国内法。19 世纪下半叶签订的知识产权公约确立了知识产权保护的基本标准，并在强调国民待遇的基础上承认国内法在保护知识产权方面的优先地位。在这一时期，法律的一体化主要表现为国家间法律（国际法）的形成以及国际法与国内法的相互影响。而在当代，《知识产权协定》拟定了新的知识产权保护的国际标准，并以此作为各缔约方国内立法的原则和依据。这一时期法律的一体化，则体现为国内法遵从国际法以及国内法与国内法之间的一致性。

▶ **思考题**

1. 知识产权是什么？
2. 我国《民法典》如何规定知识产权？
3. 知识产权的性质与特征是什么？
4. 知识产权制度的特征是什么？

第二节　知识产权管理概述

知识产权管理，不仅可以借助外部力量增强创新主体的内在创新能力，更能通过强有力的预防和救济机制提升知识产权保护能力，从而实现知识产权的最大价值。本节将对知识产权管理的概念、类型等进行体系化阐述。

▶ **开篇案例：瑞幸联名的魅力**[1]

2023年10月9日，瑞幸推出与经典动画IP"猫和老鼠"联名的产品——马斯卡彭生酪，瑞幸抖音直播间在线人数最高达1万多人，新品套餐一上线就被秒光，显示已售出50多万份。瑞幸推出的这款联名产品，含丹麦进口马斯卡彭芝士，奶风味约提升24%，浓缩牛乳风味精华，奶味更饱满丰厚；并特定甄选100%阿拉比卡咖啡豆，一杯涵盖"芝士香""咖啡香""奶香"。此外，只要同一订单购买任意2杯饮品即送TOM & JERRY联名贴纸1份。据广告声称，其联名周边共有4款杯套和3款纸袋，随机发送。即便是没有购买2杯的消费者，其特别设置的单杯纸袋，也让不少消费者们惊喜并直呼："单杯终于也可以有漂亮的袋子了！"

其实，早在和"猫和老鼠"的联名款推出之前的2023年的前9个月，瑞幸每月都有不同的联名新款出现。1月，瑞幸与"福娃之父"韩美林联手推出春节限定"幸运兔MUCH"；2月，瑞幸与线条小狗联名推出情人节特饮；4月，瑞幸与电影《哆啦A梦：大雄与天空的理想乡》联名推出礼品卡；6月，瑞幸联名镖人推出新品"昆仑煮雪拿铁"；七夕期间，瑞幸与线条小狗"再续前缘"，推出9.9元"修狗黑凤梨"新品和爱情卡牌周边；8月，瑞幸联名维多利亚的秘密，推出桂花龙井；9月，瑞幸与茅台联名推出均价19元一杯的"酱香拿铁"，更是掀起了新的浪潮。自"酱香拿铁"首发之日，其

---

[1] 李明珠. 热搜第一！瑞幸联名迪奥？官方回应…［EB/OL］. (2023-10-15)［2024-05-13］. https://www.stcn.com/article/detail/1004176.html.

销量高达542万杯，单日销售额甚至超1亿元，可以被称为现象级营销事件。

据QUEST MOBILE发布的《2023年夏日经济之现制咖啡和茶饮市场洞察》显示，2023年1—7月，现制咖啡联名数量41个，现制茶饮联名数量62个。在各联名形式中，品牌联名类型超半数，成为最高频次合作形式。以奶茶为例，奈雪与范特西的联名奶茶首日销售量高达146万杯，创造了奈雪新品首日销量的新纪录，同时也创下了单日门店销售新高。此外，在10月3日霸王茶姬与盗墓笔记联名推出的"青青糯山"销量增长超130%。在中秋、国庆双节期间的亚运会举办之时，沪上阿姨鲜果茶全新上市的"多金黄桃"系列饮品，也推出联名周边、定制金牌抽奖、饮品券放送等丰富的营销活动。

其实，品牌联名的魅力往往是从全新角度将原先毫无交集的元素重构，为消费者重塑品牌新形象，亮出一种新态度，从而招揽新顾客。因此，品牌往往可以通过联名，借助其他品牌热度，为自身增添新的活力。但归根结底，消费者最终关注的始终是产品本身，品牌安身立命的核心也是产品本身。联名只是一种手段，给品牌带来附加值，消费者的长期性购买最终还是要依靠产品品质，产品开发的创新加上营销带来的惊喜体验，才能有持久吸引力。

一、管理与知识产权管理

知识产权管理并非单纯的"知识产权"与"管理"的结合，而是知识产权制度与管理学制度的融合，并涉及各类经济学、管理学甚至是政策学的理论基础。这些理论基础将在下文进行介绍。

管理，通常是指在一定的环境下，为达成组织的最佳目标，对组织所能支配的资源进行有效计划、组织、领导和控制，以求高效率运行的一种综合性活动（见图1-3）。管理的本质在于，有组织、有目地针对可支配资源进行计划、组织、领导和控制活动，以谋求组织的生存与发展。决策论学派通常认为，管理就是决策，决策就是管理；而过程论学派认为，管理就是对一个组织所拥有的人力、财力、物力和信息资源，在一定的时间和空间内，进行有效的计划、组织、协调、指挥和控制,从而有效地实现组织目标的过程;行为论学派则认为,管理可以看作一种主管人员设法经由他人的力量,来达成工作目标的一系列活动和行为。总体而言,管理主要包括的四个重要内涵就是计划、组织、领导和控制。

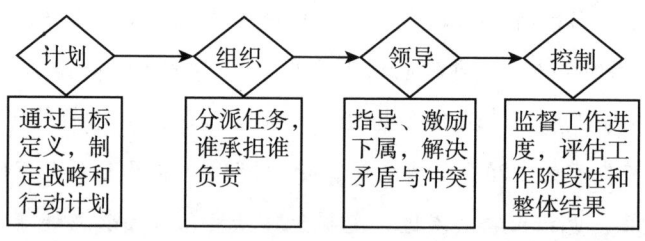

图1-3　管理过程的四大内涵

在对管理的概念进行明确后,那么知识产权管理,就是在一定的环境下,为达成组织的最佳目标,对组织所能支配的知识产权资源进行有效计划、组织、领导和控制,以求高效率运行的一种综合性活动。具体而言,知识产权管理包括两个维度:一种是外部性的国家维度,另一种是内部性的企业维度。从国家维度来看,知识产权管理的具体事项涵盖制定知识产权相关法律法规、制定相关配套政策、开展知识产权公共服务、提供信息检索、分析、交易平台等。从企业维度来看,具体指企业内部知识产权的申请、评价、经营、保护等方面的管理,同时包括高校、科研机构等频发知识创新的事业单位对知识产权的申请、保护、产业化等方面的管理。可见,知识产权管理的概念还可以定义为,指国家有关部门为保证知识产权法律制度的贯彻实施,维护知识产权人的合法权益而进行的行政及司法活动,以及知识产权人为使其智力成果发挥最大的经济效益和社会效益而制定各项规章制度、采取相应措施和策略的经营活动。

二、知识产权管理的分类

根据不同的分类方式,产生了不同的知识产权管理分类结果,主要可从知识产权管理的主体、对象、方式、目的和手段进行划分。

（一）依据知识产权管理的主体

以知识产权管理者为依据，知识产权管理分为国家知识产权管理、海关知识产权管理、企业知识产权管理、科研院所知识产权管理、高新区知识产权管理和知识产权中介机构管理等。国家知识产权管理，通常以战略管理为主，中篇将详细阐述国家知识产权战略管理。

（二）依据知识产权管理的对象

以知识产权的种类不同，可将知识产权管理分为版权知识产权管理、商标知识产权管理、专利知识产权管理和其他知识产权管理。具体的管理内容将在下篇进行阐明。

（三）依据知识产权管理的方式

知识产权管理可分为使用管理、开发管理、收益管理、处分管理和风险管理等。使用管理，主要对知识产权的经营和使用进行规范，研究核定知识产权经营方式和管理方式，制定知识产权相关企业规范等。开发管理，主要要求企业从鼓励发明创造的目的出发，制定相应策略，促进知识产权的开发，做好知识产权的登记统计、清资核产工作，掌握产权变动情况，对直接占有的知识产权实施直接管理，对非直接占有的知识产权实施管理、监督。收益管理，是指对知识产权使用效益情况进行统计，合理分配。处分管理，是指企业根据自身情况确定对知识产权的转让、拍卖、终止。风险管理，是指对知识产权使用、开发、收益和处分中的管理进行风险预防，以及对已发生的知识产权侵权问题进行对策研究和实证解决等。

（四）依据知识产权管理的目的和手段

知识产权管理的手段主要包括立法手段、行政手段、司法手段和市场手段。立法手段，主要指立法机构针对知识产权制度或政策进行的一种综合处理方式。行政手段，是指知识产权行政管理机关对知识产权申请的审查、授权、登记等活动进行的一种方式，也可以是企业、高校等机构依托内部自身的行业规范进行的一种管理体系运作，从而保证知识产权的价值实现。司法手段，则意味着诉诸侵权救济的一种手段，通常是为了给予知识产权管理过程中侵权结果的救济，以司法诉讼进行展现。市场手段，则意味着以市场为导向，以市场竞争和市场效益为目标的一种综合性管理方式，例如主动战略、防御战略等一些具体手段。"品牌联名"可以作为一种主动战略，来占据市场竞争优势。具体管理方式将在下篇做具体阐述。

三、知识产权管理的特征

（一）合法性

合法性，是指知识产权管理主体所从事的知识产权管理活动，不得违反相关法律法规，特别是知识产权法律法规、规章制度的性质。主要包括：（1）知识产权的权利人合法；（2）知识产权管理的主体依法设立；（3）知识产权管理的对象不侵犯他人权利；（4）相关知识产权活动依照法律法规等有序进行；（5）知识产权的管理制度、行业规范等不违背"上位法"的内容。除却这些之外，需要监测知识产权管理全过程、全链条的合法性。例如，人人影视的时代之殇。❶

（二）市场性

市场性，是指知识产权管理活动必须遵循市场经济规律，知识产权的转让、许可等交易活动必须符合价值规律，知识产权交易价格由创造该知识产权客体的社会必要劳动时间决定，并受市场供求关系影响的性质。知识产权的市场性，在于知识产权价值的实现离不开市场的运作，其在市场的竞争中才能发挥出巨大优势。例如，高通公司、苹果公司等高新技术产业均是通过专利的市场化、产业化产生大规模收益。无法在市场中进行转化的专利，则最终将会变为"僵尸专利"等。诚然，不排除防御型专利的事后侵权维护的

---

❶ "人人影视字幕组"彻底凉了——野生字幕时代的告别［EB/OL］.（2021-02-04）［2024-04-28］. https：//mp. weixin. qq. com/s/KDuHmoVw2YkVW2eGFC03ew.

消极使用，但也要警惕某些主打侵权诉讼的"专利流氓"❶，这样市场化的知识产权才能走得更为长远。

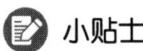 小贴士

专利流氓——"中国专利敲诈第一案"❷

"专利流氓"（Patent Troll）又称"专利蟑螂""专利地痞"等，这种明显带有贬义色彩的名词一般用于指称那些拥"专利权之领土而自重"，并以专利侵权诉讼等手段骚扰使用类似技术或实施相似专利的其他市场主体的经营行为，并以此获取高额许可使用费或和解费的行为。这一现象发端于20世纪晚期的欧美国家，近年来在我国频繁出现。

2018年1月，李某某因利用其创办的科斗公司、本星公司申请大量涉及多个技术领域的专利，未实际实施却通过向使用与其相似专利的市场主体提起诉讼等方式要挟被诉方签订实施许可合同、和解协议等获利而被上海市公安局浦东分局刑事拘留，后于同年7月被移送审查起诉。同年8月，公诉机关认可公安机关侦查的有关被告人李某某采用上述要挟手段，先后迫使4家被害单位与科斗公司等单位签订专利实施许可合同或和解协议，以专利事实许可费、补偿款等名义获取人民币216.3万元，实际得款116.3万元的事实，认为被告人李某某以非法占有为目的，采用要挟手段，强行索取公私财物，数额特别巨大，其行为构成敲诈勒索罪并以此提起公诉。

（三）动态性

动态性，是指知识产权管理活动应该随着市场环境、知识产权法律状态、知识产权制度、组织内部环境及具体管理制度的变化而变化的性质。知识产权管理活动应当根据具体的政策、立法和相应的情势作出调整，而非"墨守

---

❶ 丁碧波. 国际化背景下专利主张实体诉讼行为的规制［J］. 电子知识产权，2019（5）：83—96.

❷ 参见（2018）沪0115刑初3339号刑事判决书。

成规"或"一成不变"。

（四）国际性

知识产权制度是一种涉及双边或多边条约的国际化制度。不同国家的知识产权管理活动不仅具有一定的相似性，而且具有紧密的相关性。知识产权管理不仅涉及国内法，也涉及国际公约以及相关国家的法律。例如，《中美经贸协议》的签署，将对中国药品专利的保护期限产生影响，也将对知识产权入刑的门槛设置产生影响。

（五）文化性

知识产权管理蕴含着深厚的文化底蕴，体现了知识产权管理者所具有的文化素养，促进知识产权文化的建构与形成。一般而言，不同国家有着不同的文化底蕴，中国的文化底蕴源远流长，在中国历史不断前进的滚滚长河中，其留下的传统文化不仅是瑰宝，更有可能是知识产权管理的底蕴。例如，蜀绣、苏绣、鲁锦等非物质文化遗产的繁复工艺，体现了手工匠人的传承精神。

四、知识产权管理的功能

知识产权管理贯穿知识产权创造、运用和保护的全链条过程。因此，知识产权管理需要具备科学性、可持续性和可操作性。

（一）科学有效的知识产权管理有助于知识产权的创造

从企业层面看，一是知识产权管理可以使创造的目标更加明确。知识产权管理的主要任务之一就是确立以专利战略为主的企业知识产权战略，并在战略框架内，依据企业的总体经营和创新策略，对知识产权的创造特别是对专利申请的数量、质量、时机、类别形成一个总的目标和方针。国外许多大公司十分重视专利申请战略，如东芝公司根据企业研发未来产品、下一代产品和先行产品的不同步骤，把专利申请分成概念性发明发掘阶段、战略性专利申请阶段和专利网构筑阶段，从而使专利申请形成由点到线、由线到面、由面到网的总体战略。二是知识产权管理可以提高创新研发的起点，避免低水平重复研究。通过加强知识产权信息管理，建立和完善与本单位科研、生产领域相关的专利信息数据库，充分运用专利文献信息，可以及时了解与本单位相关的国内外技术动态，避免低水平重复研究，节约人力和资金资源。三是通过知识产权管理可以提高发明人、设计人的创造积极性。企业应根据专利法等知识产权法律和国家相关政策规定要求，建立企业内部合理的知识产权利益分配与奖励制度。通过兑现奖酬，可以最大限度地调动职务发明人的积极性，充分发挥职务发明人的聪明才智，避免拥有技术创新的人才流失。

从国家行政知识产权管理层面看，专利、商标、集成电路布图设计、植物新品种等知识产权，都需要国家知识产权行政管理机关依据法律代表国家向申请人授予相应的知识产权。因此，这些国家行政管理机关的管理水平高低，知识产权审查速度的快慢和质量的好坏，直接影响了我国知识产权创造的数量和质量。

从地方行政知识产权管理层面看，地方政府通过出台鼓励知识产权创造的政策等行政管理手段，可以促进知识产权的创造。目前，各地政府为了提高本地区的知识产权数量和质量，结合本地的实际出台了各具特色的鼓励政策，如设立专利申请资助资金、将专利申请量纳入考核地方官员的指标体系。

（二）科学有效的知识产权管理能够提高知识产权运用的能力

知识产权运用是实施知识产权战略的核心，加强知识产权的创造、管理和保护是为了提高知识产权的运用能力，全面提高企业的市场竞争力和国家的核心竞争力。知识产权管理水平的高低制约着知识产权运用能力的充分发挥。

从企业管理来看，企业是知识产权运用的主体。知识产权管理是企业经营管理活动的重要环节，知识产权管理部门在企业经营管理中，从整体管理体系的定位到管理部门的设置、人员的配备及实际职能，都具有重要地位。通过知识产权管理能够提高知识产权的经济效益。知识产权盈利的主要手段是知识产权的实施、转让和许可，在这些工作过程中，必须加强包括计划管理、产权管理、许可管理等知识产权的全面管理。

从国家和地方知识产权行政管理来看，强化知识产权实施和运用，提高国家和本地区的竞争力是行政管理的主要任务之一。国家与地方为鼓励实施知识产权，出台了一系列鼓励创新的政策，国务院2006年发布实施《国家中长期科学和技术发展规划纲要（2006—2020年）》的若干配套政策，在科技投入、税收激励、金融支持、政府采购、知识产权、人才队伍等方面出台了一系列政策。各地政府结合本地实际，也都出台了更加具体的鼓励政策。例如，通过工程设计、预算控制、招投标等形式，引导和鼓励政府部门、企业和事业单位择优购买本国、本地高新技术企业拥有自主知识产权的产品。这些政策的落实，将极大地推动知识产权的运用和实施。

▶ **思考题**

1. 知识产权管理的定义与要素。
2. 知识产权管理的不同分类类型和特征。
3. 知识产权管理的功能。

第三节　知识产权管理体系

▶ **开篇引入：中国企业知识产权管理体系贯标认证介绍❶**

企业知识产权管理体系贯标认证，简称知识产权贯标，它是依据《企业知识产权管理规范》❷，有效贯彻执行有效的知识产权管理体系，经过第三方认证机构核查认定的资质。知识产权贯标可以推动企业、高等学校、科研组织知识产权管理贯彻规范落实国家标准，加强创新主体知识产权管理体系建设，从长远来看，是持续提升知识产权能力、增强核心竞争力的有效手段。

---

❶ 国家知识产权局办公室关于规范知识产权管理体系贯标认证工作的通知［EB/OL］.（2019 – 09 – 03）［2023 – 12 – 26］. https：//www.cnipa.gov.cn/art/2019/9/3/art_2073_143052.html.

❷ 2023年8月，该规范已经更新为GB/T 29490—2023标准。

近年来，我国各地认真贯彻落实《关于全面推行〈企业知识产权管理规范〉国家标准的指导意见》（国知发管字〔2015〕44号），建立健全政策体系，采取奖励补贴等扶持措施，指导企业持续改进知识产权管理体系，并通过引入第三方认证切实推进贯标工作落地见效。截至2018年，全国通过《企业知识产权管理规范》（GB/T 29490—2013）的认证企业达2.6万家，近60%的获证企业认为建立知识产权管理体系提升了企业创新能力、竞争优势和市场收益。

但目前仍要警惕知识产权管理贯标流程和认证规则"生搬硬套"、部分地方贯标认证扶持政策导向不够精准、违规套利等不良现象。

一、知识产权管理体系划分

20世纪80年代以来，我国在知识产权立法、管理和执法体系建设等方面明显加大力度，通过推动知识产权创造、管理、保护和运用工作，逐步建立起比较完整的知识产权法律和管理工作体系。2021年9月，中共中央、国务院印发《知识产权强国建设纲要（2021—2035年）》（以下简称《纲要》），对知识产权管理体系的完善进行更为国际化、现代化和本土化指引。《纲要》指出，"持续优化管理体制机制，加强中央在知识产权保护的宏观管理、区域协调和涉外事宜统筹等方面事权，不断加强机构建设，提高管理效能"。同时对市场主体的自我管理、涉及国家科学计划项目的知识产权管理，推动企业、高校、科研机构健全知识产权管理体系，新技术服务专利商标审查的管理细节作出重要指示。[1]

知识产权管理体系，通常是指行政管理体系。以国家权力为核心，知识

---

[1] 《纲要》指出，"打通知识产权创造、运用、保护、管理和服务全链条，更大力度加强知识产权保护国际合作，建设制度完善、保护严格、运行高效、服务便捷、文化自觉、开放共赢的知识产权强国，为建设创新型国家和社会主义现代化强国提供坚实保障。""优化国家科技计划项目的知识产权管理。""深入开展知识产权试点示范工作，推动企业、高校、科研机构健全知识产权管理体系，鼓励高校、科研机构建立专业化知识产权转移转化机构。""深入推进'互联网+'政务服务，充分利用新技术建设智能化专利商标审查和管理系统，优化审查流程，实现知识产权政务服务'一网通办'和'一站式'服务。"

产权管理体系是由国家行政机关依法管理知识产权资源、制定知识产权政策、开展知识产权审查、保护、运用、服务、教育的组织活动。❶但以知识产权权利人为核心的主体来看，知识产权管理体系还可以是通过企业进行知识产权运作，以知识产权为企业进行经营服务、创造价值为目的的体系。可见，知识产权管理体系应当分为国家知识产权行政管理体系和企业知识产权管理体系，两种管理体系相辅相成。国家知识产权行政管理体系通过国家权力指导、指引企业知识产权管理体系的构建与完善，企业知识产权管理体系的优化能够通过反馈机制，推动国家知识产权行政管理体系的完善。

二、我国国家知识产权行政管理体系的发展

我国国家知识产权行政管理体系的发展经历了漫长的过程，目前我国形成以国家知识产权局、国家新闻出版署和国家版权局为核心的国家知识产权行政管理体系。在现有知识产权的三大支柱下，国家知识产权行政管理体系包括著作权行政管理体系、专利行政管理体系、商标行政管理体系和其他知识产权行政管理体系。由于知识产权本身所具有的特点，它涉及众多领域。就国内而言，它与科技部门、工商部门、文化部门、新闻出版部门、经济部门、司法部门、公安部门、外贸部门、农林业部门、教育部门、海关部门以及生产部门等都有十分密切的关系；就国际而言，由于知识产权国际化的趋势，涉外知识产权纠纷和争端越来越多，需要建立健全涉外知识产权协调管理机制。

2018年3月重新组建的国家知识产权局在保留原有国家知识产权局职责的前提下，整合了原国家工商行政管理总局、国家质量监督检验检疫总局所负有的商标、原产地地理标志管理职责，统一由国家市场监督管理总局管理。2023年，正式将国家知识产权局由国家市场监督管理总局管理的国家局调整为国务院直属机构，但商标、专利等领域执法职责继续由市场监管综合执法

---

❶ 朱雪忠. 知识产权管理［M］. 北京：高等教育出版社，2022：23.

队伍承担，相关执法工作接受国家知识产权局专业指导。

我国专利行政管理机构于1980年首次构建。1980年1月14日，中国专利局经国务院批准正式成立。1998年3月29日，国务院在机构改革中将中国专利局更名为国家知识产权局，并作为国务院直属机构，列入政府行政序列，主管专利工作和统筹协调涉外知识产权事宜。2008年7月，根据国务院办公厅印发的《国家知识产权局主要职责内设机构和人员编制规定》，国家知识产权局增加新的管理职责，承担已撤销的国家知识产权战略制定工作领导小组和国家保护知识产权工作组的工作，负责组织协调全国保护知识产权工作和会同有关部门组织实施国家知识产权战略纲要。2018年3月，重新组建国家知识产权局负责管理原国家知识产权局中专利行政管理的职责。

我国商标行政管理机构于1952年首次构建。1952年11月，经政务院批准，中央私营企业局与中央外资企业局合并，成立中央工商行政管理局，商标管理是其职能之一。1978年9月25日，中华人民共和国工商行政管理总局成立，同时，在工商行政管理总局内设国家商标局。1979年11月1日，商标局恢复商标全国统一注册制度。1982年，《商标法》实施后，商标局主管全国的商标注册和管理工作。同年8月，工商行政管理总局改称国家工商行政管理局。1983年成立商标评审委员会，负责处理商标争议事宜。2001年4月，国家工商行政管理局升格为国家工商行政管理总局。2008年，国家工商行政管理总局新设反垄断与反不正当竞争执法局。我国已建立工商行政管理机关与司法机关并行保护商标专用权的、具有中国特色的"双轨制"执法体制。2018年3月，重新组建国家知识产权局负责管理国家工商行政管理总局的商标管理职责。

我国著作权行政管理机构于1985年首次创建。1985年6月28日，文化部呈报国务院，建议在文化部设立国家版权局。7月25日，国务院批复，同意文化部的建议；同时决定，将文化部原出版局改称国家出版局。国家出版局与国家版权局为一个机构、两块牌子。1987年1月，国务院决定撤销文化部所属国家出版局，设立直属国务院的新闻出版署，保留国家版权局，继续保持一个机构、两块牌子的形式。2001年，新闻出版署（国家版权局）升格为正部级单位，改称新闻出版总署（国家版权局），负责在出版环节对动漫进行管理，对游戏出版物的网上出版发行进行前置审批，同时增加对音像制品的管理、"扫黄打非"等六方面职责。2008年，国家新闻出版总署再次调整，将动漫、网络游戏管理（不含网络游戏的网上出版前置审批），及相关产业规划、产业基地、项目建设、会展交易和市场监管的职责划给文化部；将出版物质量检测鉴定和网络出版内容信息检测鉴定工作交给直属事业单位；将文化部管理音像制品批发、零售、出租、放映的职责划入国家新闻出版总署，划入后交给地方政府；将文化部音像制品进口管理的职责划入国家新闻出版总署；将国家广播电影电视总局广播电视机构记者证的监制管理职责划入国家新闻出版总署；增加对从事出版活动的民办机构进行监管的职责。更重要的是，加强了其指导著作权保护工作的职责。

除却国家部级的知识产权行政管理机构，我国地方知识产权管理体系也在各司其职，共同管理。从狭义角度看，作为知识产权"三大支柱"的专利权、商标权以及著作权，分别由知识产权局（市场监督管理局）和新闻出版局管理，三分天下，各管一方；从广义角度看，知识产权事宜涉及众多领域，由十多个地方政府相关行政机构管理。

（一）中华人民共和国国家知识产权行政管理机构职能

国家知识产权局贯彻落实党中央关于知识产权工作的方针政策和决策部署，在履行职责过程中坚持和加强党对知识产权工作的集中统一领导。主要职责如下：

（1）负责拟订和组织实施国家知识产权战略。拟订加强知识产权强国建设的重大方针政策和发展规划。拟订和实施强化知识产权创造、保护和运用的管理政策和制度。

（2）负责保护知识产权。拟订严格保护商标、专利、原产地地理标志、集成电路布图设计等知识产权制度并组织实施。组织起草相关法律法规草案，拟订部门规章，并监督实施。研究鼓励新领域、新业态、新模式创新的知识产权保护、管理和服务政策。研究提出知识产权保护体系建设方案并组织实施，推动建设知识产权保护体系。负责指导商标、专利执法工作，指导地方知识产权争议处理、维权援助和纠纷调处。

（3）负责促进知识产权运用。拟订知识产权运用和规范交易的政策，促进知识产权转移转化。规范知识产权无形资产评估工作。负责专利强制许可相关工作。制定知识产权中介服务发展与监管的政策措施。

（4）负责知识产权的审查注册登记和行政裁决。实施商标注册、专利审查、集成电路布图设计登记。负责商标、专利、集成电路布图设计复审和无效等行政裁决。拟订原产地地理标志统一认定制度并组织实施。

（5）负责建立知识产权公共服务体系。建设便企利民、互联互通的全国知识产权信息公共服务平台，推动商标、专利等知识产权信息的传播利用。

（6）负责统筹协调涉外知识产权事宜。拟订知识产权涉外工作的政策，按分工开展对外知识产权谈判。开展知识产权工作的国际联络、合作与交流活动。

（7）完成党中央、国务院交办的其他任务。

（8）职能转变。①进一步整合资源、优化流程，有效利用信息化手段，缩短知识产权注册登记时间，提升服务便利化水平，提高审查质量和效率。②进一步放宽知识产权服务业准入，扩大专利代理领域开放，放宽对专利代理机构股东或合伙人的条件限制。③加快建设知识产权信息公共服务平台，汇集全球知识产权信息，按产业领域加强专利导航，为创业创新提供便捷查询咨询等服务，实现信息免费或低成本开放，提高全社会知识产权保护和风险防范意识。④加强对商标抢注、非正常专利申请等行为的信用监管，规范商标注册和专利申请行为，维护权利人合法权益。

（9）有关职责分工。①与国家市场监督管理总局的职责分工。国家知识产权局负责对商标专利执法工作的业务指导，制定并指导实施商标权、专利权确权和侵权判断标准，制定商标专利执法的检验、鉴定和其他相关标准，建立机制，做好政策标准衔接和信息通报等工作。国家市场监督管理总局负责组织指导商标专利执法工作。②与商务部的职责分工。国家知识产权局负责统筹协调涉外知识产权事宜。商务部负责与经贸相关的多双边知识产权对外谈判、双边知识产权合作磋商机制及国内立场的协调等工作。③与国家版权局的职责分工。有关著作权管理工作，按照党中央、国务院关于版权管理职能的规定分工执行。

（二）国家知识产权局内设机构

国家知识产权局内设机构（副司局级）如下：

1. 办公室

负责机关日常运转，承担安全、保密、信访、政务公开、信息化等工作。承担政策研究工作。组织开展知识产权宣传工作，承担发布重要政务信息工作。

2. 条法司

协调提出有关知识产权国际条约拟订、修改及有关知识产权对外谈判的方案。提出相关法律法规、规章草案。承担规范性文件的合法性审查工作，承担行政复议、行政应诉等工作。拟订商标、专利、原产地地理标志、集成电路布图设计审查政策和授权确权判断标准，组织实施申请、受理、授权等工作。组织普法宣传工作。

3. 战略规划司

拟订国家知识产权战略和建设知识产权强国的政策措施。组织开展知识产权风险预测预警工作。拟订全国知识产权工作发展规划和商标、专利、原产地地理标志等审查、注册、登记计划。承担部门预决算和局直属单位财务、资产、基建计划等工作。承担知识产权统计调查分析发布工作。

4. 知识产权保护司

承担知识产权保护体系建设相关工作。组织拟订商标、专利侵权判断标准及保护执法的检验、鉴定和其他相关标准。承担商标评审、专利复审和无效等行政裁决工作。承担原产地地理标志、集成电路布图设计、特殊标志和奥林匹克标志、世界博览会标志等官方标志相关保护工作，承担指导地方知识产权争议处理、维权援助和纠纷调处工作。

5. 知识产权运用促进司

拟订和实施强化知识产权创造运用的管理政策和制度。承担指导和规范知识产权无形资产评估工作。承担专利强制许可、商标专利质押登记和转让许可备案管理等有关工作。拟订规范知识产权交易的政策。拟订和组织实施知识产权中介服务体系发展与监管的政策措施。

6. 公共服务司

组织实施全国知识产权信息公共服务体系和信息化建设，承担知识产权信息加工标准制定相关工作，推动信息服务的便利化、集约化、高效化。承担商标、专利等知识产权信息的传播利用相关工作，研究分析和发布知识产权申请、授权、注册、登记等信息工作。

7. 国际合作司（港澳台办公室）

承办统筹协调涉外知识产权事宜。研究国外知识产权发展动态。拟订知识产权涉外工作的政策。承担相关对外谈判工作。承办相关国际联络、合作与交流活动。承办涉及港澳台的相关事项。

8. 人事司

承担机关和直属单位的干部人事、机构编制、劳动工资和教育工作，指导相关人才队伍建设工作。承担机关离退休干部工作。

（三）中华人民共和国新闻出版总署的主要职责

（1）起草新闻出版、著作权方面的法律、法规草案；研究拟定新闻出版业的方针政策；制定新闻出版、著作权管理的规章和重要管理措施并组织实施和监督检查。

（2）制定新闻出版业的发展规划、宏观调控目标和产业政策并指导实施；制定全国出版、印刷、复制、发行单位总量、结构、布局的规划并组织实施；参与拟定新闻出版业的经济政策和有关的经济性宏观调控措施；指导、推进新闻出版业的改革。

（3）审批新建出版单位（包括图书出版社、报社、期刊社、音像出版社、电子出版物出版社等，下同）和出版物（包括图书、报纸、期刊、音像制品、电子出版物等，下同）总发行单位；审批音像制品和电子出版物复制单位；审批著作权集体管理和涉外代理等机构；核准新闻出版外商投资企业和出版物进出口单位及其在境外设立的类似机构。

（4）对新闻出版活动（包括出版物的出版、印刷、复制、发行、进出口贸易等）实施监督管理；查处或组织查处违禁出版物和出版、印刷、复制、发行、进出口单位的违规活动。

（5）审核互联网从事出版信息服务的申请，对互联网出版信息内容实施监督管理。

（6）拟订出版物市场"扫黄打非"的方针、政策和计划并指导实施，查处或组织查处非法出版物和非法出版活动；组织、协调各有关部门和地方的"扫黄打非"工作；组织、协调、指导"扫黄打非"集中行动和大案要案的查处工作。

（7）拟订出版物市场的宏观调控政策、措施并指导实施；对出版物市场实施监督管理。

（8）负责音像制品出版、复制管理和电子出版物出版、复制、发行管理。

（9）负责全国印刷业（包括出版物印刷、包装装潢印刷及其他印刷品的印刷）的监督管理。

（10）组织、指导党和国家重要文件、文献以及教科书和其他重点出版物的出版发行工作。

（11）管理著作权工作，查处或组织查处有重大影响的著作权侵权案件和涉外侵权案件；代表国家处理涉外著作权关系，组织参加著作权的双边或多边条约、协议的谈判、签约和国内履约活动。

（12）负责新闻出版和著作权对外交流与合作的有关工作；承办政府间文化协定中有关新闻出版、著作权项目的执行工作；管理、协调图书、报纸、期刊和电子出版物的进口贸易；组织、推动出版物的出国（境）展览、展销和出口贸易。

（13）负责国家古籍整理出版规划工作。

（14）编制新闻出版业科技发展规划和信息化、网络化、标准化规划并指导实施，组织协调新闻出版业的科技进步工作。

（15）编制新闻出版业和著作权管理队伍建设、人才培养规划并指导实施；负责新闻出版业和著作权管理工作全国性评奖和表彰活动。

（16）承办党中央、国务院交办的其他事项。

（四）中华人民共和国新闻出版总署内设机构

中华人民共和国新闻出版总署设12个内设机构（正司局级）。

1. 办公厅（财务司）

督促协调总署重大事项的贯彻落实；负责文电、会务、机要、档案等机关日常运转工作和信息、保密、信访工作；负责机关财务、直属单位行政事业经费、专项资金和内部审计工作；负责新闻出版系统的统计工作。

2. 法规司

起草新闻出版、著作权管理的法律法规草案；起草、审核新闻出版和著作权管理的规章和规范性文件；承办总署行政处罚和行政强制文书的审核工作，承办总署行政处罚听证、行政复议和行政应诉事项；承担总署有关重要文件起草和调研工作。

3. 综合业务司

组织协调总署行政审批工作；承办出版（含互联网出版）单位、有关出版物复制单位和总发行单位设立、变更的审批工作；承办新办报纸、期刊、国内媒体分支机构及报刊变更的审批工作；对网络文学、网络书刊和游戏出版物的网上出版发行进行前置审批，对开办手机书刊、手机文学业务进行审批；承办设立中外合资、合作和外商独资出版物分销企业以及出版物进口单位设立的审批工作；指导新闻出版行政审批改革工作。

4. 出版产业发展司

拟订新闻出版业发展改革的方针政策；承办报业、出版和发行集团改革方案的审批工作；拟订新闻出版业和印刷业的发展规划、调控目标和产业政策；参与拟订新闻出版业和印刷业的有关政策和调控措施；制定印刷业总量、结构、布局的规划并组织实施。

5. 新闻报刊司

拟订报纸和期刊总量、结构、布局的规划并组织实施；负责对报纸（报社）和期刊（刊社）出版活动的监管；承办报纸和期刊重大选题的备案工作；组织对报纸、期刊内容的审读和舆情分析工作；调控报刊结构和刊号总量；承担全国新闻单位记者证的监制审核、发放、备案和管理工作；承担国内报刊社、通讯社分支机构和记者站的监管，组织查处重大新闻违法活动。

6. 出版管理司（古籍整理出版规划办公室）

拟订图书、音像、电子出版单位总量、结构、布局的规划并组织实施；承办出版单位年度出版计划和重大选题的备案工作；组织指导涉及党和国家重要文件文献、重点出版物和教科书的出版工作；组织对图书的审读和对音像制品、电子出版物的审听审看；承办国家古籍整理出版规划的组织协调工作；审查进口音像制品；负责对出版境外著作权人授权的电子出版物进行审批；组织调控出版物品种及书号、版号总量；指导对从事出版活动民办机构的监管工作。

7. 印刷发行管理司

拟订出版物印刷、复制、发行单位总量、结构、布局的规划；负责对出版物的出版、印刷、复制和发行的监管，组织查处严重的违规出版物和重大违法违规出版活动；承办国家限制进口印刷设备的审核工作；组织指导党和国家重要文件文献、重点出版物和教科书的印制、发行工作；推进新闻出版领域公共服务，指导和组织实施农家书屋、社区书屋工程。

8. 科技与数字出版司

拟订新闻出版业科技发展规划并指导实施；组织、协调新闻出版业的科技进步工作；制定新闻出版业和印刷业行业标准并组织监督检查；制定互联网和数字出版的相关行业标准；负责对出版境外著作权人授权的互联网游戏作品进行审批，对网络文学、网络书刊进行监管，对开办手机书刊、手机文学业务进行监管；对网络和数字出版的出版内容、出版活动实施监管；拟订互联网出版和数字出版发展规划、管理措施并组织实施。

9. 反非法和违禁出版物司（全国"扫黄打非"工作办公室）

拟订出版物市场和互联网"扫黄打非"的方针政策和计划并组织实施；组织、协调"扫黄打非"集中行动和跨部门、跨地区的"扫黄打非"工作；组织查处非法出版物和非法出版活动的大案要案；承办打击侵权盗版和"扫黄打非"举报奖励的有关工作；承担全国"扫黄打非"工作小组的日常工作。

10. 版权管理司

拟订著作权管理、保护和使用的政策；组织推进软件正版化工作；承办设立著作权集体管理机构审批并指导其工作；监管作品的著作权登记和法定许可使用作品的工作，承担国家享有著作权作品的管理和使用；组织查处重大著作权侵权案件；承办著作权涉外条约有关事宜；处理涉外及涉港澳台的著作权关系；监管涉外著作权贸易、外国作品著作权认证及作品自愿登记工作；承办指定国（境）外著作权认证机关、外国和国际著作权组织在华设立代表机构的审批工作。

11. 对外交流与合作司（港澳台办公室）

承办新闻出版和著作权方面的对外及对港澳台的交流与合作事务；承办政府间文化协定中有关新闻出版、著作权项目的执行工作；指导、协调出版物来华（进境）展览、展销和进口管理的工作；制订出版"走出去"的方针、规划，组织、推动出版物的出口。

12. 人事司

负责机关的人事管理和直属单位署管干部的管理工作；负责机关和直属事业单位机构编制、劳动工资及相关人事工作；拟订并组织实施新闻出版行业人才队伍建设规划，会同有关主管部门指导从业人员职业资格管理和职业技能鉴定工作。

（五）中华人民共和国国家新闻出版署直属机构及职能

1. 人民出版社

人民出版社始建于 1921 年 9 月 1 日，重建于 1950 年 12 月 1 日，是党和国家政治读物出版社，也是我国第一家著名的哲学社会科学综合性出版社。负责出版马克思主义经典著作；党和国家重要文献；党的路线、方针、政策的普及性读物；党史和党建论著；政治、哲学、经济、历史、法律、文化、国际问题等方面的一流学术著作，以及重要人物传记和哲学社会科学工具书及教材等。人民出版社除出版图书外，还主办了《新华月报》《新华文摘》和《人物》等多种期刊。

2. 中国新闻出版研究院

中国新闻出版研究院的前身是成立于 1985 年 3 月 21 日的中国出版发行科学研究所。1989 年 8 月更名为中国出版科学研究所。2010 年 9 月 17 日，经中央机构编制委员会办公室批复同意更名为中国新闻出版研究院。中国新闻出版研究院隶属于中共中央宣传部，是我国唯一的国家级新闻出版专业研究机构。研究院的主要职责是开展前瞻性、战略性新闻出版领域重大问题和公共政策研究；开展新闻出版理论研究，开展出版学、编辑学、新闻学等学科研究，推进中国特色新闻出版学科体系、学术体系、话语体系建设；开展新闻出版标准研究和落实工作，组织新闻出版关键技术研发与推广，促使新闻出版业融合发展；开展中外新闻出版学术交流与合作，推动我国新闻出版研究走出去；组织学术成果与推广，开展相关培训与会展，反映新闻出版领域国内外动态等工作。研究院现有 8 个科研部门，拥有中国书籍出版社、《出版发行研究》杂志社、《出版参考》杂志社、《传媒》杂志社、《新阅读》杂志社等多个专业出版机构，北京希普思文化咨询有限公司、城乡统筹发展研究中心等 2 个下属机构。

3. 中国新闻出版传媒集团有限公司

中国新闻出版传媒集团有限公司成立于 2011 年 4 月，是国务院批准组建的一家大型国有中央传媒企业。集团由国务院作为出资人，中共中央宣传部作为行政主管部门，财政部对其经营性国有资产进行监管。集团目前拥有一报两刊一网站，其主办的《中国新闻出版广电报》系面向国内新闻、出版、广电领域的权威媒体。读者主要面向新闻出版管理者，以及图书、报纸、期刊、广播电视、音像制品、新媒体等领域的编、印、发从业人员。集团正在从单一的信息提供者发展成为新闻出版广电业第一综合服务商，以新闻出版广电行业为依托，谋求更快的发展、更高的目标和更广的天地。

4. 中国版权保护中心

中国版权保护中心成立于 1998 年 9 月，作为国家级版权保护和服务机构，坚持以学术引领、技术支撑和服务赋能为己任，积极服务国家经济、科技和文化繁荣发展大局，承担各类作品和计算机软件版权登记职责，是我国唯一的计算机软件版权登记、版权质权登记机构。开展版权鉴定、监测维权、版权文化研究、版权资产评估管理、版权领域标准制定宣贯和版权业务培训等专项服务。累计完成版权登记 1300 余万件，其中计算机软件版权登记超过 1000 万件，作品版权登记近 300 万件。管理中华版权代理有限公司和《中国版权》杂志社有限公司等多家下属机构，主办《中国版权》《创意中国》杂志。

5. 中国版本图书馆（中央宣传部出版物数据处理中心）

保存版本图书资料，促进社会经济文化发展。书报、期刊、音像制品和电子出版物样本征集保管，图片、碑拓、拓片、乐谱、歌片、地图、中小学课本、明信片、画册、卷轴、连环画、年历、挂历、教学挂图、低幼读物、技术标准读物、影印古籍、盲人读物收藏管理，出版物标识标准的贯彻实施。

6. 中央宣传部出版产品质量监督检测中心（中央宣传部出版物评审中心）

提供出报刊编校质检、进口出版物审查、印刷复制质检、出版物鉴定等质检业务，提供质量法律法规、质量标准规范等质检资料。

7. 国家出版基金规划管理办公室

国家出版基金 2007 年经国务院批准正式设立，主要资助优秀公益性出版物的出版，包括图书、音像制品和电子出版物等。

8. 中国印刷博物馆

收藏展览印刷文物，弘扬中华民族文化。印刷文物征集、鉴定、登编与保管。印刷文物复制与修复。印刷文物与资料展览。相关研究与印刷文化交流。

（六）中华人民共和国国家版权局主要职能

（1）参与起草版权法律、法规，拟订版权管理、保护、使用的规章、政策并组织实施；

（2）拟订国家版权规划并组织实施，承担国家知识产权战略纲要实施的有关工作；

（3）监督版权法律、法规的实施，部署、组织、指导全国版权行政管理与执法工作；

（4）组织查处版权领域重大及涉外违法违规行为，组织协调开展打击侵权盗版专项行动，承办打击侵权盗版有功单位和人员的奖励工作；

（5）负责网络版权监管，维护网络版权秩序，组织查处重大及涉外网络侵权盗版案件；

（6）组织推进全国软件正版化工作，承担推进使用正版软件工作部际联席会议办公室有关工作，组织、协调软件正版化长效机制建设；

（7）承担版权公共服务体系建设相关工作，监督管理作品登记、质权和版权合同登记、备案、认证等工作；

（8）推进版权产业发展，监督管理版权评估、交易、代理等事宜，指导国有版权资产管理，负责开展全国版权示范工作；

（9）承办版权涉外事务和国际应对工作，负责联系国际版权组织，承办版权多边、双边条约、协议的谈判、签订和实施工作；

（10）承办涉香港、澳门特别行政区和台湾地区的版权事务；

（11）监督管理国（境）外作品版权认证工作，对国（境）外版权认证机关、外国和国际版权组织在华代表机构实施监督管理；

（12）承办设立版权集体管理组织的审批工作，监督管理其依法开展活动，指导版权行业协会和社会团体工作；

（13）监督管理作品法定许可使用，负责国家享有版权作品的使用与管理工作；

（14）组织开展全国版权宣传教育活动；

（15）承办总局领导交办的其他事项。

三、企业知识产权管理体系

企业知识产权管理对企业充分发挥知识产权的价值具有重要作用，在具体的企业知识产权管理体系下，知识产权管理内部机构及其职能，发挥的作用不言而喻。

小贴士

现代知识产权管理能为企业带来三大核心价值，即风险控制、增值经营和竞争超越，例如爱立信公司通过专利许可每年获利 10 亿美元是增值经营的成功典范，而苹果公司通过专利诉讼方式有效打击了 HTC 公司和三星公司就是排除竞争对手的典型案例。企业要实现上述三大价值，前提是企业领导要正确认识和重视知识产权的价值，并真正将知识产权作为"一把手工程"来进行体系化建设。

（一）企业知识产权管理体系的内部机构

就目前而言，依据国际企业的知识产权具体运营模式和成功经验，可以将其内部机构分为三种典型模式：集中管理模式、分散管理模式和综合管理模式。

1. 集中管理模式

集中管理模式，即企业设立知识产权管理部门，且该部门直属于企业的负责人。该部门内部专业人员也可针对企业各技术、产品部门实行分工合作，负责不同部门的人员可以集中也可下放到各部门，便于沟通。但企业技术部门通常不单设专利部，专利由企业总部统一管理。集中管理通常对专利权也是集中管理的。若一个有规模的企业，包括跨国公司有多个部门或子公司，其产生的专利的所有权在这种模式下则归整个公司所有。

以IBM公司为例，IBM设有的知识产权管理总部，负责公司所有的知识产权管理事务。知识产权管理总部内设两大部：法务部和专利部。知识产权管理总部管辖世界各地子公司的知识产权管理部门，各子公司的知识产权管理部门除依隶属关系向主管做业务报告外，也受公司知识产权管理总部极强的功能性指导，依公司知识产权管理总部的统一政策来运作。这种做法的益处是有利于各部门、子公司之间的知识产权分享，有利于公司的整体发展。

2. 分散管理模式

分散管理指知识产权管理的职责下放到企业的各个部门。对规模较大的企业或跨国公司，这意味着在企业二级单位，如部门或子公司单独设立知识产权管理部门或团队，独立开展本部门的专利工作。随之而来的通常是专利的所有权归属于其产生的部门或子公司。这种模式将有利于高效地进行知识产权的管理，减少集中管理模式会采用一个模子的方法，有利于某些部门的知识产权工作走在前面。

3. 综合管理模式

除了这两种主要的模式，还可以有这两种模式相结合的做法，其结合方式也可多样。比如知识产权专业人员的配备可以是分散的，但知识产权的所有权可以是归总公司所有；或总公司设有专门的知识产权管理部门，各部门或子公司也设有独立的知识产权部门，以便及时满足其部门的特殊需求。

需要强调的是集中管理模式，特别是专利权的集中管理随着企业规模的扩大，似乎越来越成为发展趋势。专利权集中管理的益处主要在于能积极鼓励各部门技术的相互转移和分享，从而推动技术的应用。例如，日本松下电器直到近10年还是各大产品部门各自独立研发，独立拥有其知识产权，这样不利于专利的共享，会导致部门之间的重复劳动，甚至部门间的竞争。比如当时的松下电器和九州松下同时研发、制造传真机、白板等办公产品。近年来，松下总部将各部门的股权买断，同时集中管理所有专利，有助于减少研发的重复性，促进内部技术流通，提高整个公司的竞争能力。

（二）企业知识产权管理体系的具体构建考量因素

在企业知识产权管理体系构建过程中，知识产权内部机构的部门构建需要考虑如下几点：

1. 与企业研发部门的沟通

知识产权部门的结构要保证其能及时和企业各研发部门沟通，一是获取研发的信息，及时捕捉可以申请专利的素材，有效保护企业的知识产权；二是可以做好技术人员的知识产权培训，更好地将企业的知识产权体制和规章贯彻到技术人员层面，避免知识产权的流失。知识产权的管理只有下放到企业的每一个部门，才能达到真正为企业运营服务的目标。

2. 与企业领导部门的沟通

知识产权部门的结构还要保证其能及时和企业高层领导的沟通，包括和部门经理、市场商业等部门的负责人。其目的是及时和各部门沟通知识产权制度的执行情况，做到知识产权能为各部门服务。一是对企业的重点决策、方针和运营情况有所了解，以便使知识产权的管理切实基于商业管理基础之上；二是及时向企业高层领导提供知识产权的情况，为其作出正确企业决策提供依据。

3. 人才的配备

鉴于前面所述企业知识产权战略应考虑的多方面要素，知识产权部门的人才、技能也需多方面，不能专一。比如一些企业在知识产权管理建设初期，基本采用工程师背景的人才担任知识产权的工作。随着企业管理慢慢地成熟，知识产权的专业人才也需要多样化，应包括具有技术背景、法学背景、企业管理背景的不同类型的人才。

4. 事务性管理

知识产权团队还要求负责相关的事务性管理，包括专利、商标的备案及规章制度的建立等。

四、新形势下企业知识产权管理面临的挑战

随着全球化进程的加剧，企业在开放式创新的背景下，也逐步由块状的企业集中向产业集聚的高端竞争形态发展，在企业转型升级和结构调整的过程中，知识产权战略的推进也面临很多的新挑战、新问题。面对知识经济条件下企业的经营活动出现的新特点和新趋势，企业必须准确地把握知识产权战略的实质，在掌握知识产权运用规律的基础上，与企业其他经营管理手段协同发展，逐步提升企业竞争力。

（一）开放式创新背景下企业知识产权管理的反思

开放式创新是一种与封闭式创新相反的模式，开放式创新意味着好的技术解决方案可以从企业外部也可以从企业内部获取，开放式创新策略对来自内部和外部的创新理念同等对待，以期取得以最小的成本、最短的时间，将创新呈献在消费者面前。开放式创新模式把外部资源和外部市场化渠道的作用上升到和内部资源以及内部市场化渠道同样重要的地位。这就意味着，开放式创新模式下企业知识产权管理需要作出如下转变：

（1）在开放式创新的合作情形下，企业必须综合考虑创新方式带来的影响，进而采用新的应用策略和方法，在保证企业技术创新核心竞争力的同时，为企业赢得更大的发展空间和机会。

（2）在开放式创新背景下，企业应当考虑如何利用知识产权战略获得更多的知识资源，并通过知识资源的布局来构建竞争优势。

（3）在开放式创新的进程中，企业应当考虑如何协调各利益相关者的优势资源的整合和实现最大价值。

📝 小贴士

熊彼特的创新理论

20世纪初，奥地利学者熊彼特首次提出系统的创新理论。他在1912年的著作《经济发展理论》中提出，创新是企业家对生产要素的新组合，这种组合

包括：(1) 开发出一种新的产品或者提供一种产品的新的质量；(2) 采用一种新的生产方法；(3) 开辟一个新的市场；(4) 获得一种原材料或制成品的新的供应来源；(5) 实现一种新的组织形式。

后人在其"创新理论"的基础上发展了技术创新理论和制度创新理论两个分支。技术创新理论认为科学技术对经济发展的作用主要是通过技术创新实现的。而制度创新理论则认为，技术性因素和制度性因素构成经济增长的两大要素，而创新的制度是激励技术创新活动、推动经济增长的关键。

(二) 开放式创新背景下可借鉴的具体案例

2014年6月12日，马斯克在特斯拉（TESLA）官方网站上的一篇公开博客中宣布将免费公开特斯拉所有专利，且"将不会对那些善意使用我们技术的人提起专利诉讼"。特斯拉开源所有专利的目的就在于——让更多的人或企业，在一个较低门槛上，就可以站在巨人的肩膀上，投入世界电动汽车发展和普及的浪潮中。开放专利从表面上看，是让竞争对手占了便宜，然而此举却无形中提高了特斯拉技术的普适性，使得它在未来标准制定中抢占了有利的地位。

因此，隐藏在背后的效应便是，倘若特斯拉专利开源一旦达到一定规模，其技术盟友成长到一定体量之时，他们不得不兼容特斯拉的充电标准。显然，如果特斯拉建立了一个以特斯拉技术为支持的产业联盟，那么相信超级电池工厂的富余产能将会被特斯拉的盟友所消化，这时特斯拉不仅是一个电动汽车的制造者，更是上游核心电池资源的掌控者。

特斯拉告诉我们，通过开放与合作的形式，可以获得一个产业生态圈的发展，可以建立企业技术创新联盟，从而带动整个电动汽车行业的创新。

▶ 思考题

1. 就国家知识产权局与市场监督管理总局的关系，思考其改革有何意义？
2. 企业知识产权管理机构设置的主要考虑因素。
3. 请简述开放式创新与知识产权管理的转变。

第四节 知识产权制度与知识产权管理的关系

知识产权法律制度为知识产权管理提供了新的管理对象和管理内容，对知识经济社会产生了重要的推动作用，是市场经济的重要杠杆，更是市场管理中实现社会巨大财富的重要资产。

一、知识产权制度推动了科学技术的知识产权管理创新

20世纪80年代，微电子技术、生物工程技术和新材料技术相继出现，人们称为新技术革命。值得注意的是，三大技术中的多数发明都是知识产权的保护对象，正是知识产权制度使新技术革命得以发展。90年代，知识产权制度又将介于专利和版权产品之间的计算机软件作为保护对象，从而及时地推动了数字技术和网络技术的发展。可以说，电子产业、生物工程、网络技术、软件产业等知识密集型和技术密集型的知识产业的迅速崛起和迅猛扩张，在一定意义上与知识产权制度的推动密切相关。[1] 在推动科学技术进步的同时，知识产权管理的对象和方式也日益丰富，从而与知识产权制度形成良性互动。

二、知识产权制度指引知识产权管理中国际贸易往来的政策把握

在经济全球化的今天，引进外资必然涉及对国际贸易往来中的政策把握。在当今的国际环境之下，要想顺利地与国际接轨，就必须建立完善国内知识产权保护制度。以中美贸易往来为例，美国自1992年就开始推动我国知识产权保护水平的提升，我国在被动接受美国版权保护、专利保护的同时，也为中外知识产权贸易往来提供了良好的环境基础，而这一点在《中美经贸协议》中亦有长远体现。此外，除却国际贸易往来中对国外知识产权产生有利

---

[1] 陈乃蔚. 知识经济与知识产权 [J]. 上海交通大学学报（社会科学版），1998（2）.

影响，也对我国本土的知识产权产生有力保护。一方面，将极大激发知识产权权利人的创造活力和管理需求；另一方面，对国际贸易往来过程中知识产权制度的把握，有助于我国本土知识产权的开疆拓土，也有助于国家在国际贸易中实力地位的提升。

三、知识产权制度保障知识产权管理过程中知识财富的价值实现

在知识渗透入其他产品或产业发挥作用的同时，知识产品的生产本身也成为一种产业，成为经济增长的一个新热点。目前发达国家有很多大公司，不但将自己掌握的专利等投入生产过程，提高生产的效率和产品的科技含量，同时还将这些技术出售或者转让给其他公司使用，直接获得可观的经济利益。甚至有些科技公司或者研究所，根本不进行物质产品的生产，其业务非常单纯，就是进行科技创新，作出技术发明，在取得知识产权的保护后再将它们出售，通过这种方式来赢利。

📝 小贴士

美国的 TI（得克萨斯）公司早在 1986—1989 年的专利许可使用费收入就高达 8 亿美元。1995 年 IBM 公司专利许可转让费为 6.50 亿美元，2000 年 IBM 公司申请注册专利 2886 项，年度总利润 81 亿美元，其中专利许可转让费占 17 亿美元，专利许可转让费的年增长率约为 25%。❶

知识产品的生产过程与传统的农业产品和工业产品相比，能够大量地节约自然资源。就拿版权保护的作品来说，在美国，好莱坞的影视娱乐业就被称为"无烟工业"，与飞机制造业、信息产业一起被称为美国的三大支柱产业，其生产的影视娱乐节目更是成为美国最大的出口商品。这既保护了环境、

---

❶ 跨国公司知识产权战略的启示［EB/OL］.（2005 - 02 - 17）［2023 - 12 - 26］. http：//news.xinhuanet. com/fortune/2005 - 02/17/content_2587561. htm.

节约了自然资源，又提供了大量的就业机会，创造了巨额的财富，同时还丰富了人们的精神生活，可谓是一举多得。而这一切都得益于美国完善的版权制度。

知识产权制度的完善程度可以客观地反映出一个社会、一个国家的科技水平和经济实力。在知识产权管理日益突出的当下，不仅我国，甚至其他国家知识产权制度的体系化构建均能在某种程度上成为其国家知识产权管理的一种标尺。而对于企业来说，知识产权制度的完善，以及国际知识产权制度的把握，均对知识产权管理过程中的知识经济转化有着重要贡献。可以说，知识产权制度的完善将会成为反映和衡量知识经济发展水平的重要标尺。❶

▶ **思考题**

1. 知识产权制度与国际贸易往来的政策把握有何关系？
2. 知识产权制度如何保障知识产权管理过程中知识财富的价值实现？

---

❶ 李顺德. 知识经济呼唤加强知识产权保护［J］. 中国市场监管研究，1998（12）：20－21.

第二章 知识产权管理的理论基础

教学目标：

1. 掌握知识产权管理的经济学基础；
2. 知道知识产权与管理之间的管理学理论；
3. 了解知识产权管理与政策之间的密切关系。

知识产权管理与知识产权创造、保护和运用共同构成知识产权制度及其运作的主要内容，亦贯穿于国家和企业科技创新活动的全过程。知识产权管理体系构建蕴含着经济学、管理学和政策学的理论支撑和实践指引。经济学意义上的创新理论和成本－收益理论为知识产权管理的经济效益分析提供了工具基础；管理学基础上的管理理论和管理原理为知识产权的战略管理和风险管理的实际运作提供管理框架和管理流程；而知识产权领域的相关政策则成为引导不同国家和不同领域知识产权管理的现实基础。来自经济学、管理学和政策学领域的理论基础为知识产权管理提供了宏观和微观上的双重指引，也保障了知识产权管理融入国家和企业创新发展战略中，进一步塑造了知识产权管理的现实意义，尤其是在不同发展背景、文化理念和价值理念下，深化了知识产权管理在不同社会场景下的发展路径。

第一节 知识产权管理的经济学基础

知识产权管理是一个内外循环的综合系统体系，是围绕知识产权所进行的宏观调控和微观操作全面协调的活动。其决策、组织、计划、协调和控制活动不仅包括国家和企业主体的参与和主导，也涉及知识产权体系的内部管理和生产规划与知识产权产业营销到服务的外部环节。国家的知识产权管理体现在关于知识产权的取得和利用等配套立法和政策的引导与激励，而企业知识产权管理则体现在对企业内构建一套知识产权管理制度，刺激知识产权创造、利用并预防知识产权风险等活动。首先，探析知识产权管理的经济学基础需要明确的是管理对象的经济属性，即知识产权的稀缺性和无形性。其次，经济学意义上的创新理论、成本－收益分析理论为知识产权管理的深层经济理念提供了分析工具。具体而言，在宏观和微观层面，企业内部和外部层面的知识产权管理应依循经济发展规律，提高管理效益，实现知识产权管理的创新激励和持续发展的目标。管理效益原则是知识产权管理的基本原则之一，只有实现对知识产品的有效管理，才能真正实现经济发展的目标。[1]从国家宏观经济刺激层面上，与国家科技创新战略、刺激经济内循环发展相辅相成；从企业微观成本－收益视角考量，知识产权管理内部需要进行价值排序和取舍，以实现降低成本和增加收益的内部目标。同时知识产权管理作为企业战略规划的一部分，是企业盘活资源和保证企业生态系统良性循环的重要环节。回归到知识产权管理最终的经济目的，即是对创新激励的持续追求，成本－收益之间权衡效益最大化的追求。

一、知识产权的经济属性

探究知识产权管理的经济学基础首先需明确管理对象知识产权的经济属性。知识产权是一种无形财产权，其经济属性体现为知识产品的稀缺性和无形性。[2]这种稀缺性表现为知识产品创造和生产的长期性、复杂性和高成本化。知识产品的生产过程对生产者的智力投入有特殊要求，尤其是作为发明的专利，其创造和生产以及在物理世界的转化运用有极高的门槛，需要资本、

---

[1] 朱雪忠. 知识产权管理[M]. 3版. 北京：高等教育出版社，2022：14.
[2] 吴汉东. 知识产权精要——制度创新与知识创新[M]. 北京：法律出版社，2017：134.

人力和基础设施等资源的共同集合才能实现。知识产品不仅是国家创新竞争力的重要标志,也是企业核心竞争价值的来源。知识产品的稀缺性是知识财产权创造的经济基础,为知识产品提供产权保障则是这种价值稀缺性的体现。❶ 对于知识产权管理而言,对这种稀缺性的妥善管理和运营是维护和增加这种稀缺性价值的必要方式。此外知识产品作为一种无形的特殊商品,不同于有形财产的私有性,知识产品的无形性昭示了其公共性特征,即无法像有体物一样被物理占有。而这种无形性又导致对知识产品的消费不具有排他性,实质上对知识产品的消费不会产生有形损耗。而这种公共性的结果又会导致带来的社会效益超出创造者个人收益,也会造成个人创造这种知识产品的成本和收益无法匹配。因此,为了激励知识产品的持续创造和增加社会在知识信息领域的投资,知识产权则为知识产品建立一个创造和交换的产权垄断机制。作为知识产权管理的对象,知识产品不仅是公开的,同时在知识产权制度下又是垄断的。❷ 知识产权管理的任务即是充分利用知识产权制度来实现知识产品价值效用最大化,不仅是促进国家和企业创新能力的经济效益,也有着增加全人类社会财富的终极目的。

二、关于知识产权管理的创新激励分析

(一)创新理论

创新理论来源于熊彼特于20世纪提出的关于生产结构的经济学理论,即针对生产要素和生产条件结合引入生产体系中,组成新的生产要素以获取最大程度的利润。其观点为企业家的职能就是实现"创新",引进"新组合",而"经济发展"也就是指整个资本主义社会不断地实现这种"新组合"。❸ 事实上,熊彼特的创新理论虽然具有资本主义从自由竞争向垄断过渡的时代性,

---

❶ 吴汉东. 知识产权总论[M]. 4版. 北京:中国人民大学出版社,2020:152-153.
❷ 吴汉东. 知识产权精要——制度创新与知识创新[M]. 北京:法律出版社,2017:138.
❸ 熊彼特. 经济发展理论——对于利润、资本、信贷、利息和经济周期的考察[M]. 何畏,易家详,译. 北京:商务印书馆,2011.

但其意义对于知识产权整个系统具有不可比拟的意义。这对于知识产权管理是一个重要的理论来源和价值基础。创新理论有两个方面仍体现着现代化发展规律：一个是关于创新的生产性作用，另一个是创造性毁灭（creative destruction）的经济发展周期，即不断内部革新经济结构，不断破坏旧的生产结构，创造新的生产结构，最终实现"产业突变"。知识产品作为无形产品，其价值体现为其本身的创新性。知识产品作为一个新的生产要素，在一定的生产条件下可以实现生产价值的转化和升级。而知识产权管理的经济价值体现在对创新生产要素的妥善调整和规划，促使知识产品转化为市场所需要的生产要素，提高生产组合升级的效率。此外，熊彼特的创新理论由产品创新、技术创新、市场创新、资源配置创新和组织创新组成。每一项创新都能给企业发展带来竞争力和经济活力。创新是新工具或新方法的运用，必须产生新的生产价值才视为真正的创新。知识产权管理的运用则体现在知识产权创造、保护、运用和价值转化的全链条实现，任何单一的环节都无法实现真正的创新。在熊彼特创新理论的基础上，进一步衍生了技术创新理论、制度创新理论、国家创新系统理论等关于创新的经济理论。技术创新理论包括两种路径，即技术创新对经济增长的作用和技术创新自身的"轨道"和"范式"。制度创新理论由美国经济学家兰斯·戴维斯和道格拉斯·诺斯提出，强调国家经济增长的关键在于建立对个人提供有效刺激的制度。运用到知识产权中则意味着通过产权设置和分配，以刺激个人的创新动力。而"制度创新"是指经济的组织形式或经营管理方式的革新。这就意味着新技术的发展必须建立一个系统的产权制度，以保障发明人的私人利益，由此可以促进社会财富的增加。国家创新系统理论则强调国家在创新资源的配置和利用效益的参与和影响作用。即创新不只是企业的孤立行为，而是由国家的创新系统推动的。在这个系统中，国家通过各种政策和制度推动知识的创新、引进、扩散和应用，从而提高整个国家创新的绩效。这实质上为宏观层面的知识产权管理提供了创新理论支撑。创新作为全社会的活动和目标，每个主体都参与其中并影响创新绩效。实质上不同视角的创新理论的初衷和目标都在于强调创新对国家经济和企业发展的决定性，这正是知识产权管理制度的最终目的，即通过对知识产权的管理和规划活动实现创新。

（二）知识产权管理中的创新激励

知识产权管理包括知识产权战略、知识产权管理机构、知识产权管理人员以及知识产权管理制度。❶ 从宏观管理层面，知识产权管理包括国家知识产权战略的实施及其知识产权法律法规和规章制度的构建，其管理目的在于通过一系列组织、协调、计划工作实现国家创新能力增强，从而提高国家竞争力。❷ 国家在知识产权领域的管理活动取决于国家的总政策目标，通过系列发展规划和管理政策，构建创新激励和降低成本的知识产权管理机制和行为监督机制，从宏观层面上推动整个社会的创新活动。好的知识产权管理则能够促使创新技术和现有生产条件结合，将原始生产要素重新排列组合成一种新的方式，形成新的经济实力，实现创新的价值。通过知识产权来激发创新活力，对国家的国际竞争力起着不可替代的作用，尤其在科技竞争愈加激烈的当下，一个总括性的以激励创新和科技发展为核心的国家知识产权管理体系是加强国家全球竞争力的基石。在国家创新战略的引领下，需要通过不同层级和类别的知识产权管理机构进行具体管理和实施。例如在专利领域，国家知识产权局通过采取一系列激励机制，诸如专利奖赏制度、专利补贴制度等，对促进专利的创造性提升起着重要的创新激励作用。另如市场监督管理部门对假冒和盗版产品的查处，知识产权司法机关对恶意知识产权侵权行为的惩罚性赔偿审判。不同知识产权管理机构的共同运作才能够保障创新战略的顺利实施。同时对知识产权运营和转化融资的知识产权管理战略亦是创新的另一面，根据熊彼特的创新理论，只有能够进行商业化的发明才能被认为是提高资源配置效率的创新。❸ 这就要求国家的知识产权战略安排和结构

---

❶ 王黎萤，刘云，肖延高. 知识产权管理［M］. 北京：清华大学出版社，2022：32.
❷ 朱雪忠. 知识产权管理［M］. 3 版. 北京：高等教育出版社，2022：15.
❸ 黄阳华. 读《经济发展理论》：熊彼特的"创新"理论［EB/OL］.（2016 – 09 – 20）［2023 – 12 – 26］. http：//views. ce. cn/view/ent/201609/20/t20160920_16064340. shtml.

设置需要符合知识产权经济价值的客观规律。从微观层面而言，对于企业而言，对知识产权要素的妥善安排是保障企业在经济周期中存活并实现产业升级的必要管理机制，否则在"创造性毁灭"的经济循环周期中则会成为优胜劣汰的牺牲品。从政治经济学角度，知识产权的有效管理是生产力革新的重要推动力，缺乏战略视角的知识产权管理则会造成创新的反作用。企业则需要在创新战略指引下从知识产权管理制度和知识产权管理人员两方面进行微观的创新激励管理活动。即企业需要完善内外部的知识产权管理制度，确定知识产权管理目标和方针的细节指导，以最大方式刺激创新要素在企业内部的迸发。而对知识产权管理各环节的人员激励则是创新绩效的内生保障。只有在知识产权管理战略、结构、人员和制度各方面确定创新目标，构建知识产品创造、管理和转化利用的商业化生产链条体系，才能真正实现知识产权对企业发展的效用。例如作为国际IT巨人的IBM的集中知识产权管理体系保障知识产权管理组织的独立性、同时由知识产权管理总部统一管理全球的分支研究机构，实现了科技研发和知识产权管理的协调配合，使战略的制定更贴近市场，更贴近现实，提高了IBM知识产权管理的执行能力。❶其有效激励公司员工的累积积分制的奖励方法也增强了其科技创新能力的持续性。

三、关于企业知识产权管理的成本－收益分析

成本－收益分析作为微观经济学概念上的决策分析工具，在知识产权管理系统中发挥着重要的权衡作用。基于知识信息的稀缺性和价值性，在创新主体的知识产权储量不断增加的趋势下，知识产权管理制度也依循着规律实施系统化的分类、分层管理模式进行构建，从而实现管理效益最大化。如对商标、专利、著作权和商业秘密的分类管理体系，对新旧专利的更新换代管理，对集体商标、证明商标、防御商标的分类注册和使用目的规划，对不同

---

❶ 谷丹. 剖析 IBM 的知识产权管理模式［EB/OL］.（2009－03－06）［2023－12－26］. https：//www.chinacourt.org/article/detail/2009/03/id/348185.shtml.

等级商业秘密采取相应的保密措施。不同层级和层次的企业知识产权管理方式可以更好地应对复杂的商业环境，实现收益最大化。关于知识产权管理的经济学基础可以体现在知识产权管理活动过程和结果的成本-收益考量之中。在知识产权领域则体现为对知识产权创造、适用和服务的管理活动中按照成本和收益的大小进行决策，是否应当加大某一知识产权领域的研发和投入，是否应当放弃无价值的知识产权以及是否应当进一步提高企业内部激励等围绕知识产权相关的管理决策。此外，鉴于不同知识产品的收益模式和成本支出，企业的知识产权管理战略构建和具体规划也会有所差异，且随着市场变动和价值变化进行调整。

（一）知识产权管理中的收益

知识产权是企业无形资源的主要内容，其排他性所具有的价值性、稀缺性和不可替代性为企业发展提供了强大的竞争优势。[1] 促进知识产权创造是知识产权管理的核心和起点，有效的知识产权管理将有助于企业创造更多的知识产权，获取更为丰富的竞争优势。在不同的知识产权客体下，不同的知识产品有着不同的价值体现。

1. 商标价值

商标作为知识产权的一部分，体现的是一个企业的声誉价值，而对这种声誉价值的维护对于企业而言是确认企业诚信经营的基础。商标所承载的声誉价值贯穿商标的注册、转让、使用的全过程，商标战略的设计是一个企业传承的核心，是企业产品或服务质量的外显表征。具有代表性价值的为驰名商标，但驰名商标并不是先天性的，驰名商标的价值也是通过长期性、复杂性和持续性的劳动才能实现，通过企业不断地经营和宣传形成具有经济价值和名誉价值的知识产品。而其价值不仅在于其声誉，更在于其产品所承载的无形价值，甚至可以达到质量保证的程度。其价值是动态发展变化的，知识产权管理对商标价值的提升和管理不仅体现商标战略领域，诸如商标的

---

[1] 朱雪忠. 知识产权管理［M］. 3版. 北京：高等教育出版社，2022：18.

注册、使用和许可使用等，也在于通过构建商标的防淡化和反假冒机制，加强商标和企业之间的联结性，同时避免因他人"搭便车"而导致的商标价值贬损。

2. 专利价值

专利的价值体现为其本身的创造成本和后续进行商业化的经济价值。对于企业而言，专利的价值体现不仅在于耗费巨大的投资进行专利研发，也体现在其作为产业升级的关键因素，对企业的可持续发展具有重要意义。尤其对于一些初创型企业而言，专利的价值是企业创建的原始资产。对于技术创新性企业，专利的价值则是企业竞争力的核心。同时专利本身即可作为企业的真正资产进行运作，如 NPE（Non-Practicing Entities）的出现。虽然 NPE 的正当性仍处于质疑中，但其并不等同于"专利流氓"（Patent Trolls）。专利的价值在 NPE 手中往往发挥了巨大的效益，无论是通过专利许可还是专利诉讼。通过提起专利诉讼、进行专利许可和加入专利池或建立标准必要专利等专利利用策略，都彰显了专利的价值。

3. 作品价值

作品作为娱乐产业的核心要素，是整个产业发展的积淀，但作品的经济价值具有不确定性，并没有统一的标尺对其经济价值进行衡量。其价值收益来源于企业对作品的利用，包括但不限于作品财产权利的利用和许可。相较于专利和商标的极强的经济属性，在某种程度上作品的精神价值要超过其经济价值，这也在于其经济价值的显现在于企业通过管理方式和发展规划进行挖掘才得以实现。在市场经济条件下，作品具有同物质产品一样的商品属性，只有通过交易活动才能实现高效益和价值增值。

4. 商业秘密价值

商业秘密包括技术信息和经营信息，在一定意义上是企业创立和发展的根基，其价值具有不可替代性。如"可口可乐"的饮料配方。商业秘密相较于传统的知识产品具有一定的特殊性，商业秘密的根本特征在于保密性和秘密性，且其范围具有不确定性，取决于公司的战略安排和选择。

（二）知识产权管理中的成本

1. 维权成本

知识产品具有公共性，且使用成本很低。一旦通过获取知识产权而公开知识产品的内容，则存在知识产品被他人不当利用或"搭便车"。同时知识产权作为法定意义上的权利受到法律保护，这种垄断性权利虽具有法定性，但侵权方式具有广泛性和隐蔽性。因此，企业知识产权管理中需要考虑的是维权成本和法律纠纷成本。其体现在对知识产权侵权行为的监控成本，对知识产品管理不善的维护成本以及知识产品被不当利用产生的维权成本。这些成本不仅包括金钱上的成本，也包括人力、诉讼时长等隐性成本。尤其是知名度越高、价值越高的知识产品，其保护成本就越高。

2. 管理成本

企业的知识产权管理成本包括知识产权人力资源成本、组织机构成本和资源运营成本。人力资源成本则主要包括知识产品设计和研发人员成本，也包括知识产权管理人员成本。组织机构成本则包括知识产权管理组织和制度构建的成本。资源运营成本则贯穿知识产品创造到运用的全过程。如申请和维持各类知识产权成本，知识产权许可费成本，知识产品进行商业化转化的成本。❶在不同的企业类型中，知识产权管理的目的和方式也有所区别，对于初创型公司，知识产权管理往往作为附属内容，更多的是集中于业务扩张和经济来源的增加。而对于大型公司而言，知识产权管理成本是必不可少的花费，在一定程度上也影响着企业的发展路径。如西门子公司的集团共享知识产权管理模式一方面减少了知识产权重复管理的成本，另一方面也可通过共享方式加快专利的转化，提高创新绩效。知识产权若无法与市场结合进行价值转化，则对其管理是一种没有收益的成本付出。因此企业在进行知识产权管理时应根据企业整体发展战略，作出对知识产权产业化或商业化或资本

---

❶ 国家知识产权局知识产权保护司. 企业知识产权保护指南［EB/OL］. (2022 – 04 – 22)［2023 – 12 – 26］. https：//www.cnipa.gov.cn/art/2022/4/22/art_2431_174919.html.

化的总体决策，这样才能真正发挥知识产权的价值。例如，朗科"优盘"商标案❶，朗科"优盘"商标的不良管理所导致的"优盘"商标淡化成为移动存储设备的普通名称，虽然最终北京市第一中级人民法院撤销了商标评审委员会的裁决，但"优盘"商标和作为企业的朗科之间出现了脱节，从而使朗科丧失了"优盘"商标所累积的声誉价值。

（三）效益最大化的知识产权管理

知识产权管理是静态和动态双向运作的管理过程，既包括静态意义上的管理组织和结构，也包括根据动态复杂的市场环境进行不断调整的管理目标和管理方式。在成本收益分析工具下，如何实现企业效益最大化是知识产权管理在微观层面上的目标。只有通过权衡知识产权管理成本和收益，进行管理方式和管理结构的调适，对不同知识产权客体的价值和成本进行衡量，采取不同的管理策略和方式，才能实现企业知识产权效益最大化。成本－收益分析的经济学理念是企业开展经济活动的指引。在企业内，完善的知识产权管理体系不仅包括对知识产权的管理和规划，同时对企业整体战略管理和经营运作也有影响，可以实现知识产权管理决策的正外部性，提升企业的整体经济效益和完善其他环节的管理结构，打通知识产权管理和企业风险管理、业务管理等领域的联系。同时如何实现对不同类别和不同价值属性的知识产品的管理则需要成本－收益分析工具对管理方式进行调整。例如价值高的专利必然要付出更多的研发成本和获取更多的商业利益，而价值较低或更新速度快的专利则可以选择通过开放创新方式或者进行公开放弃专利保护的方式进行管理策略的调整。

▶ **思考题**

1. 知识产权的经济属性是什么？
2. 知识产权管理如何实现创新激励？
3. 企业知识产权管理的"成本－收益"还暗含哪些价值目标？

---

❶ （2004）一中行初字第1014号。

第二节 知识产权管理的管理学基础

知识产权管理作为管理学的一个分支，其管理底层逻辑和管理结构仍体现着管理学的基本特征。虽然知识产权管理具有管理对象上的特殊性，但其管理模型和管理职能实质上符合管理学的根本逻辑，具有管理学的内涵和基础。不论是理论意义上的管理理论基础还是实践层面的管理活动过程以及对管理结果的风险预防，管理学所具有的系统观和整体观贯穿知识产权管理始终。从管理理论来看，知识产权作为现代经济的产物，现代管理理论可以为其提供管理的理论基础。从管理职能看，知识产权管理也包括管理流程的决策、组织、领导、控制和创新。不同环节的管理职能彼此独立又相互联系。从管理内容来看，企业知识产权管理主要包括知识产权资产管理、知识产权运营管理和知识产权风险管理。现代知识产权管理能为企业带来三大核心价值，即风险控制、增值优势和竞争超越。[1] 从不同视角对知识产权管理的管理学基础进行探讨，可以进一步明确知识产权管理在整个管理体系中的地位和价值。

一、关于知识产权管理的现代管理理论

知识产权具有时代的烙印，知识产权管理实践也是现代经济衍生的产物，其管理实践建立在"管理理论丛林"的现代管理理论基础上。现代管理理论是从农业时代到工业时代再到信息时代的管理理论的结合和发展。现代管理理论的基本目标就是要在不断急剧变化的现代社会面前，建立起一个充满创造活力的自适应系统。经过长足发展，其理论学派和内涵丰富多样，同时其共性也逐渐显现。不同视角下的现代管理理论的共性在于强调系统性和全局性，同时强调充分利用科技和信息进行管理模式的调整，使管理理论与实践

---

[1] 王黎萤，刘云，肖延高. 知识产权管理[M]. 北京：清华大学出版社，2020：32.

联合愈加紧密。在全球化国际竞争环境下，企业组织结构和商业环境也在发生变化。跨国企业和多样态的生产方式促使企业结构组织不断进行复杂演变。相应的市场竞争环境的多变性和复杂性也要求企业的管理方式和管理理念随着环境进行改变。关于知识产权管理的现代管理理论中，宏观层面的战略管理理论和系统管理理论对知识产权管理的管理基础具有典型的理论意义。

1. 战略管理理论在知识产权管理中的体现

关于战略管理理论，其中包括资源战略、竞争战略以及目标战略。沃纳菲尔特1984年提出的"企业的资源基础论"认为企业拥有有形和无形的资源。这些资源可转变成独特的能力，且这些独特的资源与能力是企业持久竞争优势的源泉。资源差异性是企业持续发展和相互之间差异的来源，且企业的竞争优势源于资源的不可模仿性。[1] 而这正是契合知识产权的稀缺性。迈克尔·波特1990年提出的钻石体系理论（菱形理论）的分析架构，强调了国家对于企业成功的重要作用。钻石体系理论认为能够创造企业竞争的优势在于生产要素、市场需求以及企业战略、结构与竞争对手，且钻石体系是一个动态过程，其组成部分会不断变动且相互影响。[2] 知识产权作为企业竞争优势的来源，也是企业差异化的基础。总结而言，国家和政府有鼓励企业创新的战略和导向，企业的创新发展活力才会不断迸发。体现在知识产权管理中，则意味着知识产管理制度首先需要宏观层面上国家知识产权战略的支撑。知识产权是国家现代化发展的一种制度标志，但不同发展程度的国家对知识产权的制度安排有着自己的思想认识和目标指引。[3] 企业知识产权战略管理包括战略制定、战略实施和控制、战略评估和调整。微观层面的企业知识产权管理战略则需要以本企业的管理目标为基准构建内外部的知识产权管理制度和体系，并根据环境的动态复杂性和资源价值的动态进行战略调整。

---

[1] 王革，吴练达，张亚辉. 企业战略管理理论演进与展望［J］. 科学学与科学技术管理，2004（1）：102.
[2] 迈克尔·波特. 竞争战略［M］. 陈丽芳，译. 北京：中信出版社，2014.
[3] 吴汉东. 知识产权总论［M］. 4版. 北京：中国人民大学出版社，2020：258.

2. 系统管理理论在知识产权管理中的运用

系统管理理论的核心在于运用系统论的观点去分析组织问题和管理行为，其体现的是整体论思想在具体问题上的运用。一般系统论是由生物学家贝塔朗菲（V. L. Bertalanffy）创立，是关于各种不同系统所服从的共同原理与规律。核心思想在于系统的自组织功能，即组成系统的各要素总是按照一定的顺序和方向发生作用，使系统内部结构趋于优化，这就是系统的自组织功能。运用到知识产权管理中，则体现为对知识产权按照一定管理目标所设置的管理制度。管理系统由人、物、环境三因素构成，要进行全面系统分析，建立开放的管理系统。在系统观的影响下，权变理论进一步加深了系统理论在管理组织学中的实际意义。该理论观点是通过组织的各个子系统内部和各子系统之间的相互关系，以及组织和所处环境之间的关系，来确定各种要素之间的关系模型和结构类型。系统由相互制约和相互作用的元素组成，同时，系统的每一个部分都受到环境的影响。知识产权管理作为企业管理体系中的一部分，亦需要嵌入企业系统管理体系，以创新目标战略为指引、推动企业内部知识产管理系统的运用。在知识经济时代，企业知识产权管理是企业知识经营管理活动的重要部分，知识产权的分层分类管理体现了系统管理理论的具体表达。而系统的整体性、层次性、有序性以及目的性的特征也要求知识产权的管理体系自身不断完善，以契合企业的整体发展路径和其他管理部分的目的需要。企业知识产权管理制度贯穿企业的生产管理、科技管理和营销管理的全过程，是企业适应市场经济条件下竞争与发展的需要。[1] 同时知识产权管理系统包括对专利、商标、商业秘密等各项知识产品的管理，也包括知识产权管理机构和知识产权价值评估和运营系统，知识产权管理不同子系统之间彼此独立，具有管理目标的倾向性和管理方式的独立性，但同时不同的子系统之间又围绕企业的整体目标和实现知识产权创新价值而产生联系。

---

[1] 冯晓青. 企业知识产权管理基本问题研究［J］. 湖南社会科学，2010（4）：58.

二、关于知识产权管理的管理原理

19世纪法国工业家亨利·法约尔归纳出了管理职能的具体内涵,即所有的管理者都履行五种管理职能:计划、组织、领导、协调和控制。[1] 随后由哈罗德·孔茨和西里尔·奥唐奈进一步阐述,采取计划、组织、人事、领导和控制五种职能作为管理职能框架。而根据斯蒂芬·P.罗宾斯的观点,所有管理者都需要履行计划、组织、领导和控制。而周三多则进一步提出管理过程由决策、组织、领导、控制和新的决策这一循环结构构成。每项管理工作都从决策开始,经过组织、领导到控制结束。各项职能之间相互交叉渗透。控制的结果可能导致新的决策,又导致新的管理循环。[2] 其中创新职能是在其他管理职能创新效果中表现自身存在与价值。本节将采取周三多的决策、组织、领导、控制和创新职能对知识产权管理的管理原理进行探析。

1. 知识产权管理的决策职能

决策制定过程被描述为对不同决策的选择,罗宾斯将这一过程描述为八个步骤,从识别问题开始,到选择能解决问题的方案,最后结束于评价决策结果。[3] 在知识产权管理体系中,这一流程贯穿知识产品从产生到运用再到风险防御的全部环节,知识产权管理的决策需要按照其长期和短期的目标与计划进行。例如在专利诉讼问题中,是以维权为目的还是以获取许可收益为目的,这也影响了这项决策或活动是通过诉讼方式、调解抑或和解方式进行。而这项决策的效益性则由决策实施后的成本收益评估。

2. 知识产权管理的组织职能

组织职能体现为决策的组织活动和管理组织设置两方面,即组织任务内

---

[1] 亨利·法约尔. 工业管理与一般管理 [M]. 迟力耕,张璇,译. 北京:机械工业出版社,2007.

[2] 周三多. 管理学:原理与方法 [M]. 7版. 上海:复旦大学出版社,2018:12.

[3] 斯蒂芬·P. 罗宾斯,玛丽·库尔特. 管理学 [M]. 13版. 刘刚,译. 北京:中国人民大学出版社,2017:119.

容和分配以及组织责任人和决策人的责任设置。❶ 在知识产权管理中，则表现为对知识产权管理部门的设置和有关知识产权决策组织计划与执行的活动。具体可指向知识产权管理部门的归属，相关的组织形式包括但不限于独立的知识产权管理部门，归属于业务部门的知识产权管理部门以及归属于法务部的知识产权管理部门。不同的组织形式下，知识产权管理发挥组织职能的程度不同。在组织结构设立基础上，不同的知识产权客体管理组织将按照专利、商标、商业秘密等开展不同的组织活动，组织活动则包括申请、维护、运营和转化等。

3. 知识产权管理的领导职能

管理学意义上的领导职能要求领导者的优良素质，以激励员工开展知识产权管理活动。在知识产权管理体系中，创新型人才和管理型人才的作用不可比拟。一方面，良性的领导方式和氛围可以激励员工进行知识产权创造活动，这也是知识产权管理的首要前提；另一方面，健全的领导方式也能够保障知识产权管理体系的妥善运作，从而实现知识产权管理的创新目标和效益最大化。

4. 知识产权管理的控制职能

控制是为了保证企业计划与实际动态适应的管理职能。❷ 企业的竞争环境在不断变化，且企业规模不断变大也会导致管理权力分散，某个环节的管理断层或失控将会导致管理效果大打折扣。因此需要有目标控制、现场控制和成果控制保证企业计划的顺畅运作。而在具体控制中则涉及控制标准和控制方法等多项精细化管理职能操作。控制方法包括预算控制、成本控制。知识产权管理的控制职能首要地体现在对危机的控制，由于管理对象的特殊性，其无形性和稀缺性赋予知识产品高价值属性，"搭便车"、仿冒、盗版等行为都会影响知识产权管理计划的实施，因此企业知识产权管理内部需要通过各

---

❶ 斯蒂芬·P. 罗宾斯，玛丽·库尔特. 管理学 [M]. 13 版. 刘刚，译. 北京：中国人民大学出版社，2017：8.

❷ 周三多. 管理学：原理与方法 [M]. 7 版. 上海：复旦大学出版社，2018：337.

种控制方式保障知识产权相关计划顺利实施。

5. 知识产权管理的创新职能

创新职能是保障企业适应动态发展的经济社会系统的管理职能。前文所述的组织、领导和控制是保证计划目标按管理系统预定的方向和规则运行。❶但仅维持管理运作无法保障知识产权管理系统的动态适应能力，因此需要创新职能来不断调整系统活动的内容和目标，以适应环境变化的要求。创新的基本内容包括目标创新、技术创新、要素创新和要素组合创新、组织机构和结构创新以及制度创新。创新不仅是知识产权的核心要义，也是知识产权管理的重要职能。其体现在知识产权管理职能上则包括管理目标的创新性、知识产权创造的创新性和知识产权管理结构与管理制度的创新性。不论是知识产品的创新性，还是知识产权管理制度和结构的创新性，都体现着管理学意义上的创新职能。

三、关于知识产权管理的风险管理要求

风险社会这一理论源于 1986 年德国乌尔里希·贝克的《风险社会》一书，贝克关于风险社会的描述是全球性和内生性的，从社会整体性探讨了风险的概念和来源。❷ 现代化在带来经济、文化和政治制度变化的同时，也成为自身的问题和主题。❸ 衍生于风险社会的风险概念在微观层面也体现在企业的经营和管理中，风险管理作为企业的一种管理活动，风险意识也是管理过程中的必需理念。知识产权本身作为现代化的产物，知识产权管理可以表示为对知识产权内生风险的一种防控方式。同时知识产权管理作为一种静态和动态结合的管理活动与结果，其自身的动态管理活动中也存在风险，而静态的控制和规划结果同样也存在潜在的不确定性威胁。其风险来源可通过外部风险和内部风险进一步阐释，而如何防控风险，受到损害降低到最低限度

---

❶ 周三多. 管理学：原理与方法 [M]. 7 版. 上海：复旦大学出版社，2018：383.

❷ 乌尔里希·贝克. 风险社会 [M]. 何博闻，译. 南京：译林出版社，2004：15-16.

❸ 吴汉东. 知识产权总论 [M]. 4 版. 北京：中国人民大学出版社，2020：214.

则需要科学的知识产权管理手段和方式。

1. 风险来源

（1）外部风险。对于企业而言，外部风险为企业无法控制的风险。知识产权外部风险体现为来源于商业交流和合作中，遭遇他人侵犯知识产权并损害自身发展的风险。在最高人民法院公布的 2022 年典型案例"气化炉除尘装置及系统"❶一案中，因原告向被告转移技术的合作关系而引发的专利权纠纷则是原告专利在创造价值时的外部风险。而这种外部风险的抵御建立在企业自身的知识产权管理机制上，应对外部的法律风险，获取胜诉的关键在于是否通过合理且正当的方式履行了举证责任。在该案中，原告航天长征公司与被告原本是技术使用许可合同的合作关系，但因为被告在原告技术基础上将技术进行改进并专利登记后，致使原告所有的专利技术存在被动失去作用的风险。虽然在原被告双方举证的博弈下，原告赢得了胜诉，但这意味着原告应当进一步优化专利管理体系。例如在进行委托开发或合作开发时，应签订书面合同，约定知识产权权属、许可及利益分配、后续改进的权属和使用等。在 2020 年最高人民法院的典型案例"香兰素"❷一案中，被告同样侵犯了原告的技术秘密，且在裁定停止侵权后被告仍在继续使用，具有极高的恶意性，这不仅侵害了原告的商业秘密，也影响着原告的企业经营和管理。除了来自外部的侵权纠纷和法律风险，知识产权管理也包括对知识产权转化和利用过程的计划和控制，在知识产权质押或融资过程中，也容易引发和第三方之间的冲突和纠纷。

（2）内部风险。由于企业形式复杂性不同，内部风险来源也具有多样性，一方面体现在知识产权本身的风险性，另一方面体现在知识产权管理中则在于企业知识产权管理结构和组织问题。对于知识产权本身而言，知识产权自身内部则存在风险。例如专利风险，专利虽具有潜在的技术和商业价值，但其本身具有不稳定性，容易遭受无效、侵权等诉讼风险，而在

---

❶ （2020）最高法知民终 1652 号，（2020）最高法知民终 1293 号。
❷ （2020）最高法知民终 1667 号。

有些领域技术更新过快，专利也有被过早淘汰而致使企业无法收回成本的风险。商标风险则体现在商标宣传战略中导致的商标通用名称化风险。如"Thermos""席梦思""摩卡"等案例。商业秘密风险则体现为企业对商业秘密的保密性方式和手段存在问题所导致的泄露风险。此外知识产权管理贯穿企业的各个环节，不仅包括对知识产权对象的管理，也包括对知识产权人才和环境的管理。知识产权对象的管理风险体现在知识产品自身特征，是为知识产权本身的风险。而知识产权人才管理的风险在于作为创作者和发明者等核心员工的背景调查风险和违背竞业禁止和商业保密协议风险。纵然有员工签署保密协议，但在不善的知识产权管理制度下，仍容易使企业遭受商业秘密泄露的风险，甚至影响整个企业的发展。此外其内部知识产权管理组织和结构风险源于对知识产权价值的分配不当和对知识产权创新激励要求的失衡，从而导致的管理结构组织和制度失效的风险，并且企业管理组织机构设置的缺陷也提高了内部风险的隐患。如中小企业在考虑成本的基础上，并不会专门设置知识产权管理部门，甚至作为职能部门的法务也是业务部分的附属，更不会有相关的知识产权管理制度。知识产权管理组织和制度的缺失即提高了企业遭受外部风险的可能性和脆弱性。

2. 风险防控

（1）对于外部风险防控。针对知识产权管理的外部风险措施首要的是提高知识产权管理水平和能力，以增强应对外部纠纷的能力和及时性。企业知识产权管理是企业风险防控机制不可缺少的部分，只有具备切实完善的知识产权管理机制，才能真正发挥知识产权对企业的最大效用。一方面企业内部知识产权管理布局的优化是解决知识产权外部风险的有效方法。首先是需要针对外部风险构建知识产权监测和预防管理机制，对企业可能涉及的专利、商标等进行调查，降低卷入侵权纠纷的风险。其次是对自有的有价值的知识产品进行维护，其方式包括但不限于登记注册、商业使用和到期续展等。通过一系列明确知识产品相关权属的活动，可以提高在无效纠纷中的胜诉概率。此外，通过对知识产权管理体系的构建和完善对因知识产权引发的风险进行识别和提前清除,也可以降低企业卷入纠纷的风险和企业维权成本。另一方面需要加强外部风险防御体系,即通过引入外部专业机构,如律师事务所或会计师事务所的专业评估和风险防控建议,改善企业自身的知识产权管理体系。同时在创新能力较弱的领域,企业之间可共同构筑知识产权风险防御体系,提高整个产业的风险防控能力。如中国集成电路联盟的成立,构建了中国集成电路产业的风险防御体系,为我国集成电路在全球市场的拓展提供了保障。

(2) 对于内部风险防控。风险具有两面性,即风险意味着不确定性、危险性,但同时风险也是社会发展和创新的动力源泉。[1] 知识产权管理包括知识产权相关的人、事和环境的管理。在人力资源管理上,应在员工招聘时即做好知识产权相关的背景调查,同时与知识产权的相关核心人员签订竞业禁止和商业保密协议,明确双方的权责,同时应辅以足够的激励机制提高员工的积极性。对知识产权管理链条上的各个环节建立风险防控机制,按期进行市场评估和风险预防。不同企业知识产权管理的风险程度有所不同,因此应对知识产权管理内部的风险,按照因地制宜的方式以企业效益最大化进行防控。尤其对于中小企业和以知识产权为核心的优势企业而言,知识产权管理的风险防控体系应当根据其管理方式的不同而进行构建和完善,对于以知识产权为核心竞争优势的企业,首先要明确的是知识产权管理组织和结构是企业组织结构的重要组成部分,应构建独立的知识产权管理组织,专门对知识产权管理中的风险点进行防控。如在进行技术研发时,需要在研发人员的劳动合同中明确约定技术成果的权利归属和奖励标准,同时对研发过程进行记录和管理。通过合同协议约定的方式可以有效约束双方当事人,也可以解决创新激励和利益分配不均的问题。对于知识产权非核心竞争优势,尤其是中小企业而言,独立的知识产权管理组织可能对其而言成本过大,在此种情况下,仍应当至少有法务人员或法务部门对企业业务开展过程中的知识产权风险点进行审查,包括但不限于对商标和专利的检索以及对合同方的法律风险

---

[1] 吴汉东. 知识产权总论 [M]. 4 版. 北京:中国人民大学出版社,2020:215.

检索，等等。此外，知识产权作为科技创新的关键，也是企业未来产业升级的基础，因此企业重视知识产权管理也可视为一种长线可持续的投资。

▶ 思考题

    1. 知识产权管理的管理学理论有哪些？

    2. 知识产权管理与风险管理的关系是什么？

    3. 企业知识产权管理的管理学基础单纯是为了实现知识产权企业管理的可操作性吗？

第三节　知识产权管理的政策学基础

知识产权制度是一个社会政策的工具。❶ 知识产权管理是国家公共政策的重要组成部分，其政策功能在于实现国家创新竞争力提高的目标。❷ 政策不仅是知识产权管理的指引，也是规范知识产权管理环境的重要基石。从政策学的角度探究知识产权管理的基础，应追溯至知识产权管理相关的政策系统和子政策的颁布、执行以及实施效果的综合水平。在不同的科技政策和经济政策下，知识产权管理水平和设置方式也有所不同。尤其是在发展中国家和发达国家不同的经济水平、政治制度取向以及文化价值观念的差异决定了其政策价值和政策目的与政策过程的差异，也决定了知识产权管理的发展路径在不同国家政策体系下有所不同。比如美国强调知识产权保护的创新环境氛围的营造，体现着市场导向的激励机制和竞争价值取向。而我国处于由制造大国到创造大国的国家战略转型时期，相应的政策导向也体现着中国特色。中国知识产权法律的百年史是一个从被动移植到主动决策的政策发展史。在建设创新型国家的战略目标下，相应的知识产权政策也有所调整。❸ 本节通

---

❶ 刘华. 知识产权制度的理性与绩效分析 [M]. 北京：中国社会科学出版社，2004：46.
❷ 吴汉东. 知识产权总论 [M]. 4版. 北京：中国人民大学出版社，2020：235.
❸ 吴汉东. 知识产权总论 [M]. 4版. 北京：中国人民大学出版社，2020：235.

过探究知识产管理的政策学机理，比较中美两国不同的知识产权政策体系，以进一步明确知识产权管理的政策学基础和支撑。

一、公共政策体系中的知识产权管理

公共政策是指以政府为主的公共机构，在一定时期为实现特定的目标，通过政策成本与政策效果的比较，对社会公众行为所作出的有选择性的约束和指引，它通常表现为一系列的法令、条例、规定、规划、计划、措施、项目等。❶ 美国政治学家哈罗德·D. 拉斯韦尔（Harold D. Lasswell）在政策科学创立之初就曾提出，公共政策实际是"一种含有目标、价值和策略的大型计划"❷。公共政策的制定与实施总是与一定的政策目标相联系。公共政策的一般目标在于保持社会稳定，维护社会公正，促进社会发展，但不同领域的公共政策又有自身的具体目标指向。❸ 知识产权是国家现代化发展的一种制度标志，但不同发展程度的国家对知识产权的制度安排有着自己的思想认识和目标指引。❹ 知识产权管理作为国家和企业整体知识产权战略规划不可缺少的部分，国家政策指导是知识产权管理发展的基础，且国家知识产权创新战略总目标也是知识产权管理的目标。知识产权管理政策的目标即是围绕知识产权价值利用本身，并致力于国家和企业的创新发展目标。只有在不同层级的政策指引协调下，才能实现知识产权管理的最终目的。知识产权管理政策一般由国家层面制定、实施和推进的，且知识产权管理政策的实施也有赖于与知识产权管理相关联的其他公共政策。从知识产权政策范围来看，则包括知识产权创造、使用、服务方面的知识产权政策系统。同时从经济增长和社会发展的"总政策目标"❺ 而言，知识产权管理政策也与科技发展政策、

---

❶ 吴鸣. 公共政策的经济学分析 [M]. 长沙：湖南人民出版社，2004：4.

❷ Lasswell H D, Kaplan A. Power and Society: A Framework for Political Inquiry [J]. The University of Chicago Law Review, 1952, 19 (1)：156.

❸ 吴汉东. 知识产权总论 [M]. 4版. 北京：中国人民大学出版社，2020：238.

❹ 吴汉东. 知识产权总论 [M]. 4版. 北京：中国人民大学出版社，2020：258.

❺ 总政策是指在公共政策中处于统率地位，对一个国家的社会运行起着根本性和决定性指导作用的政策. 参见：吴鸣. 公共政策的经济学分析 [M]. 长沙：湖南人民出版社，2004：5.

产业经济政策和对外贸易政策等其他领域的政策相关联。知识产权管理政策的调整性功能体现为，通过对知识产权管理的过程和结果进行利益分配调整，以知识产权管理体系中存在的问题为关注点，实现知识产权管理过程和结果的效益目标。

二、美国的知识产权管理政策选择

美国作为实施知识产权制度最成功的国家之一，其知识产权管理政策具有典型性，而其本质则带有明显的激励和保护市场竞争性特征。知识产权管理政策包括对知识产权管理组织结构、管理环节和管理结果的多重激励政策。美国作为具有极强的知识产权资源优势的国家，其知识产权管理政策倾向于加强知识产权保护和扩大保护范围的内部目标，实质上契合其国家内部的创新发展目标和外部的国际竞争力目标。横向上其知识产权管理政策致力于将国内的知识产权政策法规内容和文化推向其他国家，包括发达国家和发展中国家，通过主导型对外知识产权管理政策构建自身核心竞争力的优势地位。尤其在知识产权价值高的领域，如通信、芯片、医药等产业，专利的价值决定了国家和企业未来的发展基石。诸如美国的"337条款"则是通过对外知识产权管理政策来实现其国家竞争优势的目的。而在纵向内部的竞争环境中，美国以市场竞争为导向，围绕知识产权管理相关的知识产权创造、服务和利用各个环节，针对知识产权相关产业构建了以创新激励为主的政策体系。既包括知识产权创造的激励，也包含知识产权组织结构、人力资源管理的激励。通过对专利、商标、著作权等不同领域不断完善其法律法规，扩大保护范围，加强保护力度。

（一）对内政策目标：完善知识产权创新和激励机制

1. 知识产权法律法规体系

除了基本的《专利法》《著作权法》以及《商标法》《统一商业秘密法》等知识产权成文法，美国的知识产权政策也在不断积累并完善其制度体系。在不断的案例积淀和行业游说下，国会和参议院也会在特定领域进一步根据社会环境和时代需求调整政策方向和立法动向。❶ 如在著作权领域，针对网络环境下的版权侵权问题而颁布的1998年《数字千年版权法》（Digital Millennium Copyright Act，DMCA）为网络服务提供者提供侵权责任承担的"避风港规则"，以促进互联网行业的创新发展；针对提供"数字传输服务"的个人或组织的《2020年保护合法流媒体法案》（Protecting Lawful Streaming Act of 2020），以进一步增强对网络盗版的打击力度；2021年生效的《音乐现代化法案》（Music Modernization Act，MMA）结合当下流媒体趋势进一步加强对音乐产业的利益保护，以刺激音乐产业的创新发展。在商标领域，例如对驰名商标的加强保护，1995年《反商标淡化法》修改了《兰哈姆法》（原《商标法》）第43条有关于驰名商标的规定，禁止他人未经授权使用驰名商标。2006年再次修订《反商标淡化法》对驰名商标的淡化作出了规定。在专利法领域，在特定的专利价值高的产业，美国则根据行业不同的创新和激励目标，构建具有针对性的立法机制。如医药产业，则进行特定立法，以实现专利保护和公共健康的平衡目的。如1983年的《孤儿药品法案》（Orphan Drug Act）和1984年《药品价格竞争与专利期限补偿法》（Hatch – Waxman Act）在对公共健康和专利创新的双重利益考量下，通过此法案实现仿制药与原研药专利之间利益的平衡，并激励医药行业的创新发展。

2. 知识产权人才激励政策

自1980年的《拜杜法案》（Bayh – Dole Act）、1986年的《联邦技术转移法》（Federal Technology Transfer Act）、1999年的《美国发明人保护法》（American Inventors Protection Act）和2000年的《技术转让商业化法案》（Technology Transfer Commercialization Act），美国知识产权政策不断加强创新成果转化，充分发挥了美国产学研相结合和促进高新科技转化利用的主动性。❷ 通过对知识产权领域人才的激励政策，提高知识产权的地位和重要性，

---

❶ 托马斯·R. 戴伊. 理解公共政策［M］. 12版. 谢明，译. 北京：中国人民大学出版社，2011：38.

❷ 王金强. 知识产权保护与美国的技术霸权［J］. 国际展望，2019（4）：118.

有助于进一步完善知识产权管理体系。2011年9月16日通过的《美国发明法案》（AIA）则进一步赋予了发明专利的重要政策意义，以进一步促进发明创新活动，实现发明专利的经济价值。

（二）对外政策：维持知识产权领先和主导地位

政策的执行是政治以其他方式的延续。[1] 美国对外知识产权管理政策的执行在于维持美国的技术霸权和国际领先地位的政治意图。美国对外知识产权管理政策围绕两个方向展开，一个是通过主导并参与国际条约或双边及多边协定加输送本国知识产权法律制度和相关政策导向，另一个则是通过知识产权行政管理部门和非知识产权行政主管部门的联合执法加强本国知识产权主导地位。

首先除了在WTO中推动《知识产权协定》制定并致力于拓展适用国家范围，美国的知识产权对外政策也体现在通过双边或多边协定中的知识产权条款，以传输本国的知识产权法规和管理机制。在国际条约的制定中，美国通过逐步推动其国内知识产权制度和政策成为国际标准，掌握制定知识产权国际规则的话语权，从而在与其他国家进行贸易交流中实现本国主导地位和利益最大化，达到维护其知识产权领先和主导地位。2007年，美国贸易谈判代表通过推进《反假冒贸易协议》（The Anti‐Counterfeiting Trade Agreement，ACTA）谈判，减少全球范围内的版权和商标盗用行为。在美国主导的《跨太平洋战略经济伙伴关系协定》（TPP协定）谈判中提高了知识产权规则的保护水平。除此之外，美国在维持本国知识产权国际主导地位时，有一个独特的知识产权行政执法手段，即通过行政权力以及特殊的"307""311"调查等知识产权行政政策维持本国知识产权优势地位，尤其是在技术专利领域。美国知识产权行政主管部门为美国专利商标局（USPTO）和美国版权局（USCO），负责对商标、专利以及版权领域等知识产权领域的注册登记审查

---

[1] Meter D S V, Horn C E V. The Policy Implementation Process A Conceptual Framework [J]. Administration & Society, 1975, 6 (4): 445–488.

等职责。美国专利商标局（USPTO）不仅致力于国内和全球知识产权执法，还积极参与国际知识产权执法政策讨论。而非知识产权行政主管部门包括但不限于美国联邦贸易委员会、国际贸易委员会、美国对外贸易代表办公室和知识产权执法办公室。其中知识产权执法办公室（IPE）通过与美国驻世界各地的大使和外交官密切合作，确保美国权利持有人的利益在海外得到保护。如针对海外企业的知识产权内容和制度的调查，美国国际贸易委员会（ITC）根据美国《1930年关税法》（Tariff Act of 1930）第337条开展特别调查，其目的通常是禁止进口产品和进口后在美国销售产品中的不公平行为及不公平措施，通常仅限于针对向美国输入产品的海外企业。此外针对国家层面的知识产权对外政策，美国贸易代表办公室（USTR）每年都会发布"特别301报告"。这是一份国会授权的报告，根据《1974年贸易法》（Trade Act of 1974）第301条发布，通过评估世界各地市场的知识产权执法和保护状况，并指出未能充分保护美国权利持有人利益的具体国家或地区。例如2018年特朗普政府贸易代表办公室公布的"特别301报告"，对包括中国在内的贸易伙伴的知识产权保护和执法状况进行了审查和评估，且报告就商业秘密、假冒产品的生产、内销和出口、电子商务市场中的盗版、强制性技术转让和信息披露等对中国的知识产权保护进行攻讦。"特别301报告"则成为美国国际贸易加征关税的合理依据。实质上反映的是美国促使其他国家执行美国的知识产权标准，从而固化其在国际技术领域的优势地位的利益诉求。❶ 美国参议院2022年12月20日通过《2022年保护美国知识产权法案》（Protecting American Intellectual Property Act of 2022，"PAIP法案"），PAIP法案的生效使美国政府对于知识产权领域的执法和监管的权力得到巨大提升，不仅加强了本国国内的知识产权行政管理能力，也拓展了对外的知识产权行政管理政策。

三、我国知识产权管理政策安排

相较于美国知识产权的高水平基点，我国的知识产权行业发展仍处于攻

---

❶ 王金强. 知识产权保护与美国的技术霸权[J]. 国际展望, 2019（4）: 130.

坚发展阶段，在大部分产业领域，不仅仍会受到美国知识产权政策的掣肘，且企业知识产权管理体系不够健全，知识产权意识尚未深入人心。因此，我国的知识产权管理政策不仅以对内激励创新发展为目标，同时也注重在纵横双层政策安排上致力于引导企业建立更加完善的知识产权合规体系。不仅以提升本国知识产权合规发展体系为战略目的，而且要提高在国际竞争中的知识产权防御能力，以应对国外专利封锁的困境，同时通过区域协定或双边合作条约来加强中国在国际知识产权领域的主导性和参与性。我国的总政策目标具有中国特色社会主义的价值理念和制度支撑，知识产权管理政策的目标不仅在于实现知识产权的创新快速发展，也在于提升整体社会效益。

（一）对内政策：构建自主知识产权政策创新激励体系

知识产权作为法律移植的舶来品，经过四十多年的发展，逐渐体现出法律体系的中国特色。自我国1982年《商标法》、1985年《专利法》、1990年《著作权法》以及1993年《反不正当竞争法》等主要知识产权法律体系构建后，各项知识产权单行法也经过了数次与时俱进的修改，逐渐完善了自身法律体系的内涵价值和逻辑表达。如2020年《专利法》第76条对药品专利链接制度的规定，既体现了我国参与国际知识产权规则制定的决心，也反映了我国特有的医药行业矛盾和立法需求，并未一味移植美国的1984年《药品价格竞争与专利期限补偿法》的具体规则体系，而是结合我国专利审查和司法裁决现状以及医药产业处于发展阶段的现实产业场景，致力于实现仿制药的发展和创新药的激励。

此外，在其他规范政策上，近年来，在国内外的内外压力驱使和发展需求下，我国出台了多项知识产权保护政策和管理政策，以不断促进国内知识产权创造创新和合规机制的构建。关于知识产权制度的政策调整，是由建设创新型国家的总政策目标决定的。❶ 鉴于我国知识产权发展不平衡的现实因素，我国知识产权政策体系特征体现为分层结构和因地制宜的中国特色。国

---

❶ 吴汉东. 知识产权总论 [M]. 4版. 北京：中国人民大学出版社，2020：248.

务院发布的《知识产权强国建设纲要（2021—2035 年）》（以下简称《纲要》）和《"十四五"国家知识产权保护和运用规划》（以下简称《规划》）、《关于强化知识产权保护的意见》（以下简称《意见》）为未来国家知识产权发展提供了指引。《纲要》强调了提升知识产权管理水平的必要性，建立知识产权政策的合法性和评估机制。在《规划》中，强调以激发全社会创新为目的，对知识产权创造、利用以及服务等各个环节进行了相应的战略政策指引，同时在知识产权管理领域，提升创新主体知识产权管理效能，加强创新知识产权管理国际标准制定，加快推动知识产权转化和运用能力。2021 年国家知识产权局发布《关于促进和规范知识产权运营工作的通知》，提出规范市场化知识产权运营的知识产权管理政策，推动知识产权转化，解决知识产权供需平衡问题，以实现我国核心竞争力提高的目的。2021 年国家知识产权局印发的《关于进一步严格规范专利申请行为的通知》和《关于规范专利申请行为的办法》通过规范我国不以创新保护为目的的非正常申请行为，致力于推动我国知识产权政策由追求数量到提高质量转变。此外 2022 年国家知识产权局发布的《企业知识产权保护指南》，对企业知识产权管理的各个部分和环节提供了指引，虽不具备法定效力，但具有政策支持作用，对企业战略组织、人力资源、财务管理、市场营销、产品研发等各个部门如何进行知识产权管理提供了政策性指导，以推动并支持实现企业自身知识产权资源的转化和风险防控。2022 年广东省市场监督管理局出台地方标准《企业知识产权国际合规管理规范》，以地方政策引导规范企业提高自己自身的合规防范能力，尤其是进行与知识产权相关的海外商业活动过程中。海南省政府 2023 年印发《海南省促进知识产权发展的若干规定（2023 年修订）》，通过各种奖励机制对知识产权融资、转化以及证券化创新行为进行激励，同时对根据相关的管理规范完善知识产权管理的企业给予相应的奖励。除此之外，地方为促进当地知识产权创新发展，会通过各种政策方式鼓励知识产权创造和发展，如设立专利申请资助资金、将专利申请量纳入考核地方官员的指标体系。不同领域和不同层级的规范政策为知识产权创新战略目标提供了政策支持。

知识产权管理 >>>

  为企业开展知识产权管理活动构建统一的评估和标准体系，在2013年国家标准《企业知识产权管理规范》（GB/T 29490—2013）颁发后，累计超过8万家企业通过了知识产权管理体系认证，有力地促进了企业知识产权意识和管理水平的提升。❶ 而在该标准运行十年之后，2023年国家知识产权局就该规范根据当前的技术更新和企业环境发展做出了调整。在新修改标准中强调企业知识产权合规要素，致力于加强企业知识产权合规管理，通过支持企业运用统一化合规标准，以促进科技创新和风险防控能力同步上升。此标准规范的修改为企业自身知识产权管理水平和知识产权风险防控能力的提高提供了政策性意义的标准基础。除此之外，我国在2023年着手开始构建以知识产权管理为核心的多重管理标准，包括《企业知识产权管理规范》（GB/T 29490—2013）、《高等学校知识产权管理规范》（GB/T 33251—2016）以及《资产管理战略资产管理计划（SAMP）实施指南》（20221787—T—469）等，致力于为不同组织的知识产权管理提供标准引导，从而规范知识产权管理方式和制度。与此同时还辅以相应的扶持政策，根据创新与知识产权管理能力分级评价体系来对不同等级的知识产权管理体系进行奖励，其评价体系分为初始级—过程级—项目级—系统级—生态级。❷ 其目的在于引导标准化知识产权管理，提高企业知识产权创新管理的竞争力，增强企业创新管理和创新活力。❸

  （二）对外政策：主动参与和防御风险的双重目的

  近年来，我国知识产权发展水平逐渐提高，对外知识产权政策战略也逐

---

❶ 国家知识产权局. 关于企业知识产权合规管理体系-要求（GB/T 29490—2023）国家标准解读［EB/OL］.（2023-09-05）［2023-12-26］. https：//www.cnipa.gov.cn/art/2023/9/5/art_66_187235.html.

❷ 如杭州市对获得"创新管理知识产权国际标准"能力评价三级以上证书且在本市依法登记注册的企业按不超过实际评价支出30%的标准给予资助，同一主体不高于20万元。金华市武义县率先开展创新管理知识产权国际标准实施试点，贯彻实施知识产权管理国际标准ISO 56005，给予通过评价的主体奖励20万元，评价每提高1级，增加奖励5万元（试点根据就高原则奖补）。参考来源：https：//mp.weixin.qq.com/s/JhL-Zyx94lmcB9Mv4hfAEw.

❸ 2023年7月17日，浙江省市场监督管理局和浙江省经济和信息化厅联合印发《浙江省创新管理知识产权国际标准实施国家试点工作方案》，并确定宁波、金华、台州、丽水4个地市以及杭州市滨江区、杭州市上城区、余姚市、温州市湾新区、永嘉县、德清县、桐乡市、新昌县、武义县、龙游县、仙居县为首批国家重点试点区域。

渐从被动接受转向主动参与的战略导向，并通过进一步参与全球化知识产权治理体系，以实现本国知识产权相关产业发展的切身利益。《区域全面经济伙伴关系协定》（RCEP）中的知识产权规则的建立以及"一带一路"倡议下的同其他国家的知识产权合作，都是中国参与国际知识产权秩序建设的重要对外知识产权政策体现。2012年《视听表演北京条约》、2021年《中华人民共和国政府与欧洲联盟地理标志保护与合作协定》以及2022年加入《工业品外观设计国际注册海牙协定》和《关于为盲人、视力障碍者或其他印刷品阅读障碍者获得已出版作品提供便利的马拉喀什条约》都显示出我国参与国际知识产权规则构建的决心。与此同时为应对海外知识产权纠纷，2021年国家知识产权局推动构建了国家海外知识产权纠纷应对指导中心和22个分中心，致力于形成高效的风险预警和应急机制，以维护中国海外企业的合法权益，优化营商环境。在不断健全的国际知识产权政策支撑下，为我国国内外知识产权管理体系的构建提供了重要的制度来源和规范支撑。在2023年国家知识产权局关于印发《推动知识产权高质量发展年度工作指引（2023）》的通知中，强调了我国应当主动参与引导国际知识产权规则的制定，如中欧地理标志协定、中法地理标志协定。其政策目的在于通过加强区域和国家的交流与合作，提高自身的知识产权影响力。而在针对知识产权管理标准领域，国家知识产权局颁布《创新管理 知识产权管理指南》（ISO 56005）国际标准实施试点，该标准强调了知识产权战略、创新战略与业务战略的协同，将知识产权管理活动嵌入创新全过程，通过明确创新过程中的知识产权管理目标、方法和路径，实现创新效率和创新目标。通过与国际知识产权管理制度和创新管理标准相接轨，该标准运行为我国海外企业提供了更明确的创新指引，也提高了海外企业在国际上应对知识产权纠纷的风险防御能力。

▶ 思考题

1. 知识产权管理中的公共政策管理体系是什么？
2. 知识产权管理的政策学基础与经济学和管理学之间存在联系吗？为什么？

本篇拓展阅读推荐

[1] 威托德·里布金斯基. 最大的小发明：螺丝与螺丝刀 [M]. 敦一夫, 译. 天津：百花文艺出版社, 2004.

[2] 戴维·S. 兰德斯. 国富国穷 [M]. 门洪华, 译. 北京：新华出版社, 2010.

[3] 彼得·德鲁克, 弗朗西斯·赫塞尔本, 琼·西德尔·库尔. 德鲁克经典五问：历久弥新的管理智慧 [M]. 鲍栋, 刘寅龙, 译. 北京：机械工业出版社, 2023.

[4] 孙永辉. 墨菲定律 [M]. 北京：光明日报出版社, 2022.

[5] 吴汉东. 知识产权总论 [M]. 4 版. 北京：中国人民大学出版社, 2021.

中 篇
国家战略篇

> 人类的聪明才智是一切艺术成果和发明成果的源泉；这些成果是人们美好生活的保证；国家的职责就是要坚持不懈地保护艺术和发明。
>
> ——（世界知识产权组织）阿帕德·鲍格胥❶
>
> 知识产权是一种文化。我们知道，建立一种文化不是在短时间内就能完成的。
>
> ——（欧盟）英戈·柯贝尔❷

---

❶ 315后：拒绝盗版，版权保护在路上［EB/OL］.（2020-03-16）［2024-04-29］.https：//mp.weixin.qq.com/s/Uv16N8LqUiB2d3GFwwhHaA.
❷ 王尧.知识产权保护路漫漫［N］.青年参考，2003-11-01（4）.

本篇简介

2024年《政府工作报告》指出，大力推进产业化体系建设，加快发展新质生产力。技术创新是发展新质生产力的核心要素，但为技术创新保驾护航的核心是知识产权制度。通过国家知识产权战略管理为新质生产力的发展提供创新制度，尤为重要。

本篇重点从国家战略出发，阐明国家知识产权战略与国家知识产权战略管理之间的关系，呼应知识产权管理的政策学理论基础。在篇章设计上，本篇分四章进行阐述。第三章是国家知识产权战略概述，重点介绍国家知识产权战略的类型、体系结构以及绩效评估等需要了解的内容。第四章以科技领域为学习方向，对美国和日本的专利战略进行介绍，以此引导学生与我国专利战略的比较分析，培养思辨能力。第五章以文化领域为学习方向，对美国、英国和日韩的文化战略进行介绍，培养学生的思辨能力。第六章以产业政策为学习方向，重点介绍我国在全球产业"双链融合"的趋势下，如何应对"创新"与"产业"的密切关系，从而培养学生成为国家知识产权战略管理的未来参与者、提议者和制定者。

第三章 国家知识产权战略概述

教学目标：

1. 理解国家知识产权战略的概念、类型等体系化内容；
2. 知道国家知识产权战略中创造、保护、利用以及人才战略的重要性；
3. 了解国家知识产权战略如何评估创造、保护、利用和人才的真正实施过程和结果。

知识产权战略是运用知识产权制度与知识产权资源为获取竞争优势而进行的总体性谋划。国家知识产权战略是指以国家为战略主体，将知识产权作为兴国安邦的战略资源，建立有利于知识产权创造、保护和利用的法制环境、市场机制、知识产权服务和人才培养体系，谋求社会经济良性发展、增强国家竞争力的总体性国家策略。目前，美国、日本、韩国等都已制定并实施各自的知识产权战略。2005年6月30日，时任中共中央政治局委员、国务院副总理、国家知识产权战略制定工作领导小组组长吴仪主持召开国家知识产权战略制定工作领导小组第一次会议，正式启动国家知识产权战略制定工作并部署了相关课题的研究。为统筹推进知识产权强国建设，全面提升知识产权创造、运用、保护、管理和服务水平，充分发挥知识产权制度在社会主义现代化建设中的重要作用，2021年制定《知识产权强国建设纲要（2021—2035年）》。

第一节　国家知识产权战略概述

国家知识产权战略是运用知识产权制度与知识产权资源为获取竞争优势而进行的总体性谋划。面对日益激烈的知识产权竞争，美国、日本、韩国等都纷纷制定并实施了各自的知识产权战略，我国知识产权战略的启动和实施也需发展和优化。启动和实施知识产权战略应当构建符合我国国情的知识产权战略体系机构结构和层次结构，并保证知识产权战略的有效实施，有效的知识产权战略的实施必将增强我国科技和经济的国际竞争力，从而促进我国社会经济的发展。

本章在介绍各国国家知识产权战略类型的同时，指出国家知识产权战略的制定与评估应当考虑的因素。此外，在"双链融合"的国际发展背景下，对我国如何进行知识产权战略布局予以分析。

一、美国模式——科技领先型战略

美国是当今世界上科技最发达的国家，同时也是最重视知识产权、最早将知识产权提升到国家战略高度的国家。1979年，时任美国总统卡特就曾提出"要采取独自的政策提高国家的竞争力，振奋企业精神"。[1] 美国知识产权战略的实施使得美国得以长期保持科技领先优势，在全球经济竞争中独领风骚。

（一）营造有利于技术创新与成果转化的法律政策环境

1980年，美国通过了一项重要法案——《拜杜法案》。该法案改变了过去美国联邦政府资助产生的研究成果，其专利权一律归政府所有的政策，允许接受资助的大学、中小企业和非营利机构就自己完成的发明以自身名义申请专利并享有专利权。政府只保留一种"介入权"，即只有当专利权人不采

---

[1] 杨起全，吕力之. 美国知识产权战略研究及其启示 [J]. 中国科技论坛，2004 (2)：102–106.

取有效步骤实施发明或者出于公众健康、安全考虑的情况下，政府才有权责成专利权人向合理的申请者以实施许可方式转让该项权利。《拜杜法案》的出台在美国掀起了技术创新的热潮。自该法案实施以来，美国大学的专利申请量上升 10 倍，许多大学纷纷成立技术转让和许可管理机构。1986 年美国又通过《联邦技术转移法》，1998 年通过《技术转让商业化法》，1999 年通过《美国发明家保护法令》，使美国大学、国家实验室在申请专利，加速产、学、研结合及创办高新技术企业方面具有更大的积极性。为了促进技术转化，1992 年美国还成立了国家技术转移中心（NTTC），把全美 700 多个实验室以及数千件研究开发成果纳入"应用技术资讯系统"，并通过六个区域性技术转移中心开展中介服务。

（二）不断强化知识产权保护以激励创新

美国的知识产权保护水平，无论是立法还是执法都处于全世界领先水平。高水平的知识产权保护政策是美国保持强大的创新活力与技术优势的重要因素之一。为了促进前沿技术领域的发展，美国十分重视新技术的知识产权保护。通过制定法案和司法判例，美国不断扩展传统知识产权保护范围以适应科学技术的迅速发展。在专利保护方面，美国将专利的授权范围延伸至基因、动植物新品种、商业方法、软件等传统上不授予专利的对象。1984 年，美国联邦最高法院对戴孟德诉查克热巴提案（Diamond v. Chakrabarty 案）的判决在美国专利的发展史上具有里程碑的意义。该案的焦点是人工微生物能否成为可专利的主题。该案最终认可利用遗传工程方法制造的细菌可以取得专利，将专利权的主题扩展到了"阳光下人造的任何东西"。[1] 1996 年，美国开始实施《反商标淡化法》，对商标给予更为严格的保护。同年，美国还制定《商业间谍法》，以加强对商业秘密的保护。[2] 1998 年 10 月，为了遏制互联网时代日渐泛滥的网络侵权，美国又颁布了《数字千年版权法》（DMCA）。

---

[1] 张乃根. 美国专利法判例选析 [M]. 北京：中国政法大学出版社，1995：66.
[2] 卢宏博. 美国信息产业知识产权战略及给我们的启示 [J]. 信息技术与标准化，2005（5）.

(三) 积极推动知识产权保护的国际化和一体化

面对全球经济一体化浪潮和知识经济的到来，美国意识到知识产权保护对于美国国际贸易和国际投资的重大意义，仅在本国加强知识产权保护远远不够。为了保护美国的知识产权利益，美国开始运用政治、经济、外交等多种手段积极推动构建国际知识产权保护体系。其中，最重要的战略举措是促成了在世界贸易组织（WTO）体系下《知识产权协定》的签订，将知识产权与国际贸易挂钩，迫使 WTO 成员必须提供较高水平的知识产权保护。近年来，美国又和日本、欧盟等发达国家和地区一起推动区域性和全球性的专利保护协调机制，以打破现有专利保护制度的地域限制。2000 年 5 月，WIPO 出台《专利法条约》（PLT），向知识产权制度国际化迈出了新的一步。美国等国的最终目标是打造一种全球专利制度，即各国专利申请统一向一个专利局（世界专利局）提交、根据一部专利法（世界专利法）审核授予专利权（世界专利）并在各国有效。除了加快知识产权保护的国际化进程之外，美国还采用国内法的形式对其他国家和地区的知识产权保护进行干预。例如1988 年，美国制定了美国贸易法"特别 301 条款"，授权美国贸易代表对其认定的知识产权保护不力的国家发动贸易制裁。此外，美国还制定了关税法"337"条款，授权政府对侵犯美国知识产权的进口产品采取海关扣押等边境措施，以加强对美国知识产权的保护。通过上述条款的实施，美国成功地迫使其他国家和地区接受其知识产权观念并逐步融入知识产权国际保护体系。

小贴士

"特别 301 条款"简介

"特别 301 条款"的核心是以美国市场和经济制裁为武器，迫使其他国家和地区接受美国认可的知识产权保护标准，准许美国知识产权制度进入其市场。如果美国认为某一国家的相关法律、法规和做法对美国的知识产权保护不力，对知识产权的市场设置了障碍，并且造成美国公司和个人的损失，

就会以征收高额关税和限制进口相威胁,迫使有关贸易伙伴改变其法律、法规和做法。❶

二、日本模式——技术赶超型战略

（一）日本制定知识产权战略的背景

第二次世界大战之后,日本经济高速增长,其动力是国民的勤奋以及重工业、化学工业的加强,特别是制造组装业方面的高产优质。日本生产体系是建立在引进和改良欧美技术、提高现场生产技术的基础上,并得益于其团队精神。❷20世纪90年代以来,日本经济陷入了长期的低迷状态。一方面,在高技术产业竞争中,日本落后于美国和欧洲;另一方面,在传统的制造业领域日本又被具有人力成本优势的中国、东盟等新兴工业化国家和地区迎头赶上。对此,日本认识到必须从过去的那种成功的经济模式中摆脱出来,并摸索出一条新的增长模式:使定位于制造组装业的经济模式向适合创造高附加价值的无形资产的体系转化。日本认定,在知识经济时代实现日本经济复苏、恢复产业竞争力的根本出路在于知识产权。2002年,日本提出了"知识产权立国"的口号,在短短一年半的时间内就制定出了国家"知识产权战略"并付诸实施。日本在2002—2003年相继出台《知识产权战略大纲》和《知识产权基本法》,将日本"技术立国"的国策转变为"知识产权立国",而在"知识产权立国"的指引下,日本经济社会持续快速发展。通过加强知识产权创造、运用、保护、管理等,其国内创新活力不断激发,营商环境持续向好。❸显然,与美国的科技领先型战略不同,日本的知识产权战略是基于良好的科技基础和强大的经济实力而行的一种技术赶超型战略。

---

❶ 曹阳. 国际知识产权制度:冲突·规范·非国家行为体 [J]. 知识产权, 2007 (2): 93-98.
❷ 参见:日本知识产权战略大纲 [EB/OL]. (2019-11-11) [2029-04-30]. https://jsip.jiangsu.gov.cn/art/2019/11/11/art_85040_10398623.html.
❸ 熊花平. 知识产权筑起民富国强的基石 [N]. 中国知识产权报, 2020-06-10 (4).

（二）日本知识产权战略的制定

2002年3月，日本首次"知识产权战略会议"召开。"知识产权战略会议"由时任首相小泉纯一郎亲自挂帅，内阁官房长官、经济财政政策及信息通信技术大臣、科学技术政策大臣、总务大臣、法务大臣、外务大臣、财务大臣、文部科学大臣、福利劳动大臣、农林水产大臣及经济产业大臣等11位政府要员以及11名社会和产业界有识人士参加。❶会议正式提出"知识产权立国"的国家战略。2002年7月《日本知识产权战略大纲》发布，11月《知识产权基本法》通过。2003年3月，成立由首相、各部大臣和社会产业界、学术界人士组成的知识产权战略本部。同年7月正式颁布《有关知识产权创造、保护及其利用的推进计划》（日本知识产权界称为"知识产权战略推进计划"），此后每年都会结合国情推出本年度的知识产权战略推进计划。与此同时，为促进知识产权的阶段性发展，日本于2013年和2018年分别颁布《知识产权战略展望》（以下简称《展望》）和《2025—2030年知识产权战略愿景》（以下简称《愿景》），以为知识产权战略推进计划的制定和实施提供方向。《知识产权推进计划2019》以实现《愿景》的"价值设计社会"为目标，以现有的知识产权成果为基础，以全面一致地实施知识产权战略为动力而出台。为实现《愿景》的战略构想，日本认为2019年度要实现知识产权战略的过渡，每一个主体必须更加积极地构想新的想法、方案以产生新价值，这是实现"价值设计社会"的首要路径，也是实现"未来＝梦想×技术×设计"的必经选择。

 小贴士

日本知识产权战略原则

《日本知识产权基本法》第3条和第4条规定了有关知识财产的创造、

---

❶ 刘晓丹. 日本"知识产权立国"战略研究［EB/OL］.（2004-06-24）［2023-12-26］. http：//www.istis.sh.cn/list/list.aspx?id=382.

保护及应用的政策推行的两项宗旨：

（1）国民经济的健康发展及丰富文化的创造。通过培养具有创造力的人才并激发其潜能，同时努力实现对知识产权在国内外的及时且有效保护，以适应技术革新的迅速发展。通过完善知识产权保护环境，促进知识产权在社会经济中得到积极、充分应用，最大限度发挥其价值，实现让广大民众受益于知识产权。同时，为未来新知识产权的创造奠定基础，为国民经济健康发展和丰富文化的创造作出贡献。

（2）日本产业的国际竞争力的强化及可持续发展。努力使有创造性的研究开发成果顺利实现产业化，通过开发以知识财产为基础的新兴产业，促进经营革新，鼓励创业活动，借此加强日本产业的技术能力，实现产业复苏，进一步活跃地方经济，并创造出更多的就业机会。进而为提升日本产业的国际竞争力，为日本产业正确应对国内外经济环境的变化、实现可持续发展作出贡献。

（三）日本知识产权战略的主要内容

日本知识产权战略由知识产权的创造战略、保护战略、利用战略和人才战略四个部分组成。

在知识产权创造方面，重点推动大学与研究机构的知识产权创造，其措施包括：完善教育环境、培养世界级优秀人才；将知识产权作为评估教师、研究人员研究开发成果和业绩的指标；在审批研究课题经费时将知识产权状况作为参考内容，课题成果报告中也要包括知识产权的权属等；在大学中建立和完善知识产权管理体系（建立知识产权本部，健全技术转让机构）；在研究开发上进一步加强产、学、官（企业、研究机构和政府）之间的合作，促进大学创办风险投资企业；等等。

在知识产权保护方面，其战略重点是审批制度改革、保护制度改革、司法制度改革和打击国外侵权。审批制度改革的主旨在于加快专利审查速度、灵活处理与国际标准有关的申请、加强生命科学等尖端技术领域的审查力量；保护制度改革主要包括加强医疗与生命技术的保护、改革实用新型与外观设计等保护制度、加强商业秘密和植物新品种的保护；司法制度改革的内容主要包括建立知识产权高级法院、培养精通技术和知识产权的法官、采用专门委员制度、增强法院知识产权调查官的作用以及以一次性解决纠纷为目标理顺日本特许厅无效复审和侵权诉讼的关系等；为了有效打击国外侵权，加强政府对企业的支援以及与外国政府和 WIPO 等国际组织的协调。

在知识产权利用方面，重点推动知识产权的战略性利用、积极参与国际标准化和完善知识产权利用环境。具体措施包括推行重视知识产权的经营战略、利用信托制度促进知识产权管理和流通；加强战略性国际标准化活动，产、学、官进一步加强合作，以便更好地影响国际标准化机构，迅速而有效地促进起源于日本的国际标准的产生；支持有助于技术标准形成的专利池（patent pool）、重新审视公平交易委员会于 1999 年制定的《垄断禁止法关于专利、技术诀窍许可合同的指针》；加强知识产权许可的法律稳定性；建立相关数据库以方便知识产权信息流通，促进知识产权转让和利用。

在知识产权人才方面，一是做好知识产权专门人才培养。其主要做法包括：增加知识产权律师、代理人的人数，提高相关人员的素质；促进知识产权教育，在大学推进知识产权教育，设立培养知识产权专门人才的研究生院；促进知识产权基础教育、促进知识产权综合研究和跨学科研究。二是提高国民知识产权意识，如统一知识产权相关用语、加强知识产权知识的启蒙和普及。

三、韩国模式——引进创新战略

20 世纪 60 年代，韩国工业水平与我国相当，一些产业甚至落后于我国。在短短的几十年里，韩国却异军突起，其国际竞争力已跻身世界前列。韩国创造的"奇迹"与其知识产权战略不无关系。韩国知识产权战略的目标是将韩国打造成 21 世纪的知识产权强国，其战略特点是以政府为主导，积极推动技术引进基础上的消化吸收再创新和相关的知识产权创造、保护和利用。

（一）重视引进技术再创新

韩国战略模式是一种政府主导型的科技发展模式。在政府的主导下，韩国根据自身国情建立和完善了一系列支持产业技术创新的机制。政府主导体现在技术创新的战略指导、宏观管理与协调、政府对产业链的组织和协调，也包括政府在税收、信贷和研发资金方面的支持。韩国特别注重技术引进基础上的消化吸收再创新，走出了一条独具特色的知识产权创造之路。由于韩国科技研发基础比较薄弱，自主开发能力差，因此政府选择了一条积极引进技术、以引进带动自主开发形成产业优势的发展道路。从1962年开始，韩国通过技术贸易、吸收外资、与外国进行合作研究等方式引进技术。同时，韩国很注意对引进技术的消化、吸收和二次开发，鼓励企业有选择地引进关键技术和设备，严格限制一揽子引进成套技术设备。韩国对技术引进的政策是同一种技术只能引进一次，韩国用于消化、吸收、再创新的资金与用于引进资金的比例高达5∶1。❶ 因此，韩国通过积极引进国外的先进技术获得后发优势，同时又培养了自主创新能力。2024年，韩国将持续加大研发领域的资金注入。据韩国产业通商资源部长官安德根1月18日在首尔发布《产业及能源研发投资战略及制度革新方案》，指出韩国2024年在研发领域的政府拨款预算为26.5万亿韩元，其中产业通商资源部相关预算约为5.8万亿韩元，约占整体预算的19%。❷

（二）建立高效的专利、商标申请审查体系

为了促进知识产权的形成与利用，韩国在专利、商标申请审查体系的建设上走在了世界前列，已率先实现政府知识产权管理自动化。韩国知识产权局（KIPO）建立了知识产权管理的专门网站"KIPOnet"，该系统的运行标志着韩国专利申请达到了全面电子化的阶段。韩国专利申请和处理电子化比率

---

❶ 科技部副部长刘燕华：以市场换技术是自欺欺人［EB/OL］.（2005-11-26）［2023-12-25］. http://tech.sina.com.cn/d/2005-11-26/1004776047.shtml.

❷ 韩国研发实施计划推动韩国成为全球科技强国［EB/OL］.（2024-01-16）［2024-04-30］. https://www.ciste.org.cn/gzdt/kjyq/art/2024/art_66b59ad18e9c40a0a1757a3123890e1e.html.

已经接近90%，达到全球顶尖水平。通过加强国际合作，韩国知识产权局已经发展成为全球第十个PCT国际检索单位和国际初审单位，成为菲律宾、印度等国家的国际检索服务单位。2005年，韩国投资220亿韩元建设的第二代"KIPOnet"系统开始提供服务。第二代"KIPOnet"系统将第一代系统中各自独立的专利申报、网络办公、服务支持等模块有机地结合在一起。新的系统可以全年每天24小时处理有关知识产权的各项业务。专利和商标申请的全过程，包括审核、批准和异议处理均可在网上完成。通过手机短信等灵活的渠道提供广泛的个性化服务，并遵循WIPO的信息交换标准格式同全球各国交换数据。在新的网络系统的支持下，韩国知识产权局已实现全业务异地办公。❶ 2023年开始，"KIPOnet"系统已经发展至与人工智能系统结合的第七阶段。该人工智能系统可应用于专利审判系统，以自动化审判技术替代相关人工审判操作。❷ 在知识产权审查工作量不断增加的情况下，韩国知识产权局借助办公系统的网络化、国际化和增加审查员数量，达到国际一流水平的审查期和复审期。早在2003年，其专利平均审查周期缩短至20个月。❸ 此外，KIPO于2009年9月构建了绿色技术的"超快审查程序"，对绿色技术优先审查周期尽量控制在4个月。❹

（三）加强知识产权保护与国际协调

为了促进技术引进和自主创新，韩国一方面不断修改知识产权法律制度以使知识产权保护达到国际水平，另一方面努力加强知识产权保护领域的国际合作。1986年韩国全面修订《版权法》以加强版权保护；继WIPO 1996年制定《WIPO版权条约》及《WIPO表演和音像制品条约》之后，韩国于2000年又重新修订《版权法》和《计算机程序保护法》。1990年韩国修订

---

❶ 邰举.自制才能自强[N].科技日报，2005-12-30 (002).
❷ KIPOnet [EB/OL]. (2023-06-06) [2024-04-30]. https：//www.kipo.go.kr/en/HtmlApp? c=90101&catmenu=ek02_05_01.
❸ 包海波.韩国的知识产权发展战略及其启示[J].杭州师范学院学报（自然科学版），2004 (5).
❹ 吕子乔.促进绿色技术实施的路径研究——以绿色专利标准化为视角[J].科技与法律，2020 (5).

《商标法》，以适应经济飞速发展和国际交流日益扩大的需要。同年，韩国又修订《专利法》，增加保护转基因植物、补正程序等条款。1998 年韩国又制定了《专利法、实用新型法、外观设计法、商标法执行条例》，作为各法执行条例的补充。❶ 1979 年，韩国加入 WIPO。1980 年，韩国成为《保护工业产权巴黎公约》成员。1984 年，韩国加入《专利合作条约》（PCT）。1995 年，韩国加入 WTO 框架下的《知识产权协议》。1999 年，韩国知识产权局被 WIPO 指定为 PCT 国际检索单位和初步审查单位，韩文也成为国际专利申请的工作语言之一，极大地方便了韩国公民申请国际专利。

小贴士

韩国知识产权战略原则

《韩国知识产权基本法》第 2 条规定了在制定知识产权促进政策时应遵守的四项原则：

（1）通过鼓励作家、发明家、技术人员和艺术家等知识财产的创造者从事稳定而富于创造性的活动来促进优秀知识财产的创造。

（2）通过稳定有效地保护知识产权来促进其应用及合理和公平地使用。

（3）通过建设重视知识产权的社会环境以及培育专业人才和相关产业，建设促进知识产权创造、保护和利用的基础。

（4）通过协调国内和国际知识产权观念以及增强发展中国家与知识产权相关自身能力，对国际社会的共同发展作出贡献。

（四）以政府为主导促进知识产权的利用

为了促进知识产权的利用，1994 年韩国颁布实施《发明促进法》，2001 年又制定《促进技术转让法》，设立韩国技术交易所。2000 年组织成立专利技术商业化委员会，2003 年建立知识产权服务中心。此外，韩国知识产权局

---

❶ 韩国知识产权保护系列之一：历史及主要内容［EB/OL］.（2006-01-06）［2023-12-26］. http://www.nipso.cn/onewsn.asp? id=4746.

的自动化管理和高效的审查机制也为发明成果的利用提供了便利。韩国知识产权局还在网上建立了知识产权市场，以促进专利技术的商业化。❶除了体制上的支持，韩国政府还对专利技术产业化提供资金援助，由韩国发明振兴会专利技术事业化中心负责实施。资金补贴方式有融资、参股、补贴、投资4种，用途为产业化资金援助、支援向国外申请专利费用以及为专利技术交易提供便利等。2023年2月27日，KIPO发布2023年基于专利的研发战略（IP-R&D）支持项目通知，将向中小企业、中坚企业、大学和公共研究机构投入360亿韩元用于专利研发战略支持，KIPO将选出约100个项目，每个项目最高资助将达到9600万韩元，为其提供定制化的专利战略。❷

▶ **思考题**

1. 美国科技领先型战略模式有什么优势？
2. 日本技术赶超型战略模式有借鉴之处吗？
3. 韩国引进创新战略对我国有什么启发？

第二节　国家知识产权战略的体系结构

按照知识产权形成和运用的循环过程，国家知识产权战略体系包括：知识产权创造战略、知识产权保护战略、知识产权利用战略、知识产权人才战略等四大部分，如图3-1所示。

一、知识产权创造战略

知识产权创造战略是知识产权战略的基石和前提，其战略目标在于促进企业、大学和研究机构的知识产权创造，建立有利于知识产权产生的环境，

---

❶ 包海波. 韩国的知识产权发展战略及其启示［J］. 杭州师范学院学报（自然科学版），2004（5）.
❷ 姚梦楠. 韩国知识产权局发布2023年专利研发战略支持项目［EB/OL］.（2023-03-07）［2023-12-26］. https：//mp.weixin.qq.com/s/AieDIEMlmhoyfx2OOf7fDA.

促使研发成果尽可能地转化为专利、技术秘密等知识产权形式，同时注重在教育方面大力培养富有创新性的人才。

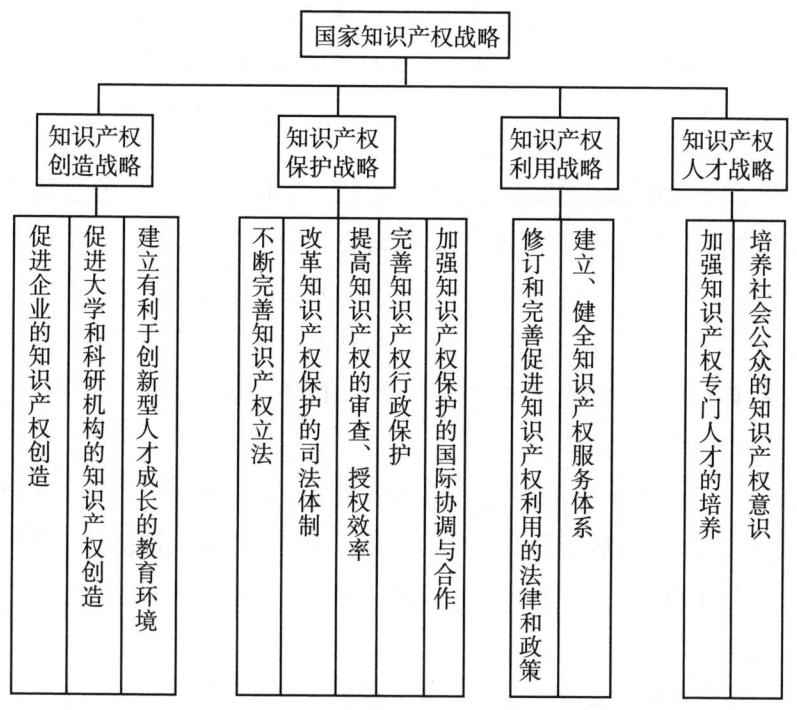

图 3-1 国家知识产权战略体系

（一）促进企业的知识产权创造

企业是技术创新的主体，也是知识产权创造的主体。在发达国家，企业是创新的主力军，大部分专利都是由企业申请。

📝 **小贴士**

企业：发达国家的创新主体

在发达国家和地区，企业是创新的主体，为最大的研发经费来源部门。2018 年的数据显示，日本、韩国、中国等亚洲国家企业经费占比最高，分别为 79.06%、76.64%、76.63%；其次是德国，企业经费占比 66.18%；美国来自企业的经费占比 62.37%；法国、英国相对较低，分别为 56.08%、51.77%。此外，企业也是科研经费的有效使用主体。韩国、日本、中国等亚洲国家企业部门执行经费占国内研发经费比例接近 80%，分别为 80.29%、79.42%、77.42%；美国企业部门执行经费占国内研发经费比例 72.58%；其他国家稍低一点，但是企业部门执行经费占比也超过 65%。❶

相比之下，我国的技术力量主要集中在大学和科研机构，企业的创新能力普遍较弱。这种状况导致我国科技成果的市场化程度不高、产业的国际竞争力匮乏。当前，促进企业知识产权创造可从以下方面着力：

（1）制定和实施直接支持企业自主创新的政策和措施，如国家对企业技术研发的直接资助、税收优惠、专利申请支持等；鼓励大学、研究机构与企业开展合作研究。

（2）风险投资体系的完善。企业技术研发面临较大风险，因此除通常的融资渠道之外，风险投资的引入十分必要。国家应当采取措施尽快解决当前风险投资行业的制度性瓶颈，完善高科技创业板股票市场的国家宏观调控适时参与机制。

（3）职务发明制度的完善。职务发明数量占整个发明数量的比例是衡量专利质量和市场化水平的重要指标。与发达国家相比，目前我国企业职务发明比例过低，需要进一步改革职务发明创造的制度设计，同时完善对发明人的奖励制度。

（4）促进中小企业的知识产权创造。中外研究表明，中小企业是最具活力的创新力量。美、欧等国家和地区都专门制定了扶持中小企业创新的产业政策，如设立中小企业创新基金、为中小企业提供创新贷款等。对其成功经验，我国应加以借鉴。

---

❶ 原帅，何洁，贺飞. 世界主要国家近十年科技研发投入产出对比分析［J］. 科技导报，2020，38（19）：58-67.

(二) 促进大学和科研机构的知识产权创造

(1) 建立有利于知识产权创造的绩效评价体系,例如将知识产权作为评价大学、科研机构以及个人工作绩效的指标;

(2) 改革国家科研体制,提高科技资源投入的知识产权产出效率;

(3) 完善大学、科研机构科研成果的知识产权归属政策;

(4) 在知识产权的获取上提供支持和便利,如为专利申请提供经费支持。

(三) 建立有利于创新型人才成长的教育环境

"创新是一个民族进步的灵魂,是一个国家兴旺发达的不竭动力。"知识经济时代呼唤创新型人才;国家的前途、民族的希望需要创新型人才;知识产权战略目标的实现离不开创新型人才。而创新型人才要靠创新教育来培养,因此我国的教育体制、考试制度也需要进行相应的改革,必须摒弃过去的应试教育、填鸭式教育模式。

二、知识产权保护战略

知识产权保护战略就是建立与我国国情相适应的知识产权保护制度,以激励知识产权的创造并保障知识产权的流转和运用。知识产权保护战略的目标在于建立、健全知识产权保护的法律体系和运行机制,同时提高知识产权的法律确权(审查、授权)效率。

(一) 不断完善知识产权立法

随着科技和经济的迅速发展,知识产权法律也需要不断作出调整。一方面,新的知识产权保护客体不断出现,如基因技术、商业方法、遗传资源、传统知识、民间文艺、数据库等的知识产权保护问题向传统的知识产权制度提出了挑战。另一方面,原有的知识产权法律可能与现实要求不相适应。例如我国专利法涉及发明、实用新型和外观设计三种专利,发明专利需要经过严格的实质审查,而实用新型和外观设计只需要经过形式审查就可以授权,因而不同种类专利的"含金量"大不相同。在《知识产权协定》等国际条约以及日本、德国、法国等发达国家的专利法中，专利仅指发明专利。因此，为了确保专利的"含金量"，同时也为了同国际接轨，我国可以考虑重构专利法，将实用新型和外观设计从专利法中排除而由另法保护。

（二）改革知识产权保护的司法体制

为了提高知识产权司法保护的效率，有必要对现在的司法体制进行改革。例如，日本根据其知识产权战略已经建立专门的知识产权高级法院。我国也可以研究建立自上而下的专门知识产权法院体系，一来可以适应知识产权审判的高度专业性要求，二来有助于破除知识产权审判中的地方保护主义。

（三）提高知识产权的审查、授权效率

专利权、商标权、植物新品种权、集成电路布图设计等知识产权必须经过法定的确权程序才能取得（著作权、商业秘密不需经过确权程序），即必须经过国家有关机关的审查并授权后才可享有。因此，提高知识产权审查、授权的效率已成为各国知识产权战略中的一项重要内容。虽然我国已将专利平均审查周期作为评价政府知识产权管理效率的一项重要指标，且2023年发明专利平均审查周期缩短至16个月，商标注册平均审查周期稳定在4个月，一般情形商标注册周期稳定在7个月，在技术层面增加专利智能审查和检索系统，持续优化升级商标审查管理系统。❶ 但是面对我国专利、商标申请数量近年来急速增长，如何使审查和授权工作既准确又迅速是我国知识产权战略中急需解决的课题。

（四）完善知识产权行政保护

知识产权行政保护是我国知识产权保护制度的重要特色，现已初步形成以专利、新闻出版、工商、技术监督、海关为核心的行政执法系统，成为我国知识产权保护体系的重要力量。在新的形势下，我国知识产权行政保护需

---

❶ 我国知识产权审查质量效率持续提升［N］. 经济晚报，2024－01－05（A2）.

要进一步完善，既要与知识产权司法保护相互协调，还应满足《知识产权协定》等国际条约的相关要求。

（五）加强知识产权保护的国际协调与合作

知识产权保护领域的国际协调与合作是知识产权保护的发展趋势之一。我国应借助 WIPO 和 WTO 等国际知识产权合作平台，积极主动地参与国际规则的制定。在遵守有关国际规则的基础上，灵活运用规则赋予的例外规定，为我国更好地利用知识产权制度促进科技创新和经济增长创造良好的国际环境。

三、知识产权利用战略

技术创新不仅是研究开发，而且是一个包含从技术研发到成果的市场化、产业化的全过程，而这一过程也正是知识产权从创造、保护到利用的过程。无论是知识产权的创造还是保护都必须以知识产权的利用为归结，因而从这个意义上来说，知识产权利用战略是知识产权战略最终成功的关键。从国家层面而言，知识产权利用战略的内容包括两个方面：一是在法律和政策上进行调整以促进知识产权的利用，二是加强知识产权服务体系的建设。

（一）修订和完善促进知识产权利用的法律和政策

与知识产权利用相关的法律除了专利法、商标法、著作权法、反不正当竞争法等知识产权法律之外，还包括公司法、合同法、企业破产法等。对于这些法律中不利于知识产权实施、许可、转让、出资的有关条款，应当尽快修订和完善。例如专利法、著作权法中最终用户的合理使用规定，公司法中知识产权出资比例的限制，企业破产法中知识产权许可人破产后被许可人的继续使用权问题，知识产权领域的反垄断问题，等等。例如，当前国外跨国公司在我国的知识产权非法垄断问题比较突出，而我国知识产权反垄断的法律、法规十分零散而且模糊，类似于美国司法部、联邦贸易委员会和日本公正交易委员会的反垄断行政管理机关也有待建立。此外，政府还应当制定有利于知识产权利用的政策，包括促进技术转化的财政政策、税收政策、金融政策、产业政策、政府采购政策。例如在技术标准的制定过程中，政府应大力支持我国企业提出的技术标准成为国家标准或国际标准；在政府采购中，向具有自主知识产权的我国产品倾斜。

（二）建立、健全知识产权服务体系

（1）搭建政府公共服务平台，为企业、大学、科研机构及其他社会公众提供全面、快捷、便利的知识产权公共服务。例如，构建政府知识产权信息平台，提供高效的专利、商标信息检索服务，促进专利文献的利用以及科学数据的共享。

（2）完善知识产权中介服务体系，加强对知识产权代理、评估、交易、咨询、诉讼等知识产权中介服务机构的市场规范和政策引导，支持知识产权中介服务向市场化、规模化、国际化发展，形成具有国际水准的知识产权中介服务体系，以加快技术成果的转化。

四、知识产权人才战略

（一）加强知识产权专门人才的培养

知识产权战略目标的实现离不开高水准的知识产权管理和保护，而提高我国知识产权的管理和保护水平，急需培养高素质的知识产权专门人才。实施知识产权人才战略首先应当大量培养从事知识产权代理、诉讼等实务工作的专业人才。一方面，应在高校中开设知识产权相关课程，培养一批懂专业、懂外语、懂法律、熟悉国际规则的知识产权复合型人才。另一方面，应当加强在职人员的培训，提高其知识产权理论水平；还应当培养一批研究知识产权法律、政策、管理方面的高级人才，及时跟踪国内外知识产权领域的最新发展动态，研究相应的对策，为我国知识产权法律、政策的制定提供智力支持。

（二）培养社会公众的知识产权意识

目前，在我国知识产权保护上遇到的最大障碍是社会公众包括企业领导、

政府官员的知识产权意识不强,一方面不注意保护自己的知识产权,另一方面对他人的知识产权也缺乏应有的尊重。我国的知识产权制度移植自西方,缺乏知识产权历史传统,因而知识产权观念的普及任重道远。有鉴于此,提高社会公众的知识产权意识,形成一种崇尚创新、尊重他人知识产权的社会文化是具有长远战略意义的举措。我们应当通过学校教育、媒体宣传、政府引导、法律示范以及讲座、培训等多种途径提高全民的知识产权意识,将尊重知识产权潜移默化为我们的社会习惯。

▶ **思考题**

1. 思考知识产权创造战略与创新的关系。
2. 思考知识产权保护战略与法律制度构建的需求内核。
3. 思考知识产权利用战略的本质目标。
4. 思考知识产权人才战略如何贯穿整个国家知识产权战略。

第三节 国家知识产权战略绩效评估

国家知识产权战略是事关国家未来发展的国家基本方略,它的实施效果如何直接影响国家发展总体目标的实现。因此,对国家知识产权战略的运行绩效进行科学、客观的评估,有助于我们在战略的实施过程中不断对战略重点、战略手段进行调整,以便早日实现国家知识产权战略的目标,把我国建设成为世界知识产权强国。

国家知识产权战略的主体是国家,解决的又主要是全局性、根本性的问题,其内容几乎涵盖科技、经济、文化各个领域并涉及产、学、管各个层次。不但如此,它的战略手段又以一系列的法律、政策为主,在时间上又是一个长期的动态过程。因此,对国家知识产权战略的运行绩效进行评估是一项难度很大的课题。绩效评估的基本思路是对照既定的战略目标,考查其实现的效果。为了便于对国家知识产权战略绩效进行分析,我们可以按照国家知识产权战略的体系，依照各自的战略目标分别对知识产权创造战略、保护战略、利用战略和人才战略进行绩效评估，最后对国家知识产权战略的整体绩效得出一个综合的评价。

一、知识产权创造战略的评估

知识产权创造战略的目标在于促进企业、大学和研究机构的知识产权创造，建立有利于知识产权创造的环境，促使研发成果尽可能地转化为专利、技术秘密等知识产权形式，同时注重在教育方面大力培养富有创新性的人才。针对上述目标，首先是对我国总体专利、商标等知识产权产出的评估，其次是对我国创新教育的评估。

（一）对我国知识产权产出的评估

1. 专利申请/授权数量和质量指标

（1）数量指标：

①我国国民在国内外专利申请/授权数量：这是评价一国技术创新水平的最基本的指标。需要指出的是，由于我国专利包括发明、实用新型和外观设计，为了区分不同类型专利的作用以及与国际接轨，需要对其分别进行统计。

②每百万人口专利的占有量：该指标由世界银行每年按国别统计发布并排行，是国际上衡量各国技术创新能力的重要指标。据1998年世界银行统计，日本每百万人口国内专利数为2837件，居世界131个国家之首；美国为518件，排名第8；而我国仅有11件，排在第48位。[1] 到2023年，我国百万人口高价值专利拥有量达1180件。

③专利生产率：专利生产率 = 当年授予国民专利数/R&D人员数。《国际竞争力年度报告》（*the World Competitiveness Yearbook*，简称《洛桑报告》）将专利生产率作为评价国家之间的科学基础设施情况，以及反映国家科研能力状况指标，此处专利仅指发明专利。

---

[1] 陈美章. 对我国知识产权战略的几点思考[J]. 知识产权，2004（1）：6-13.

(2) 质量指标：包括职务发明专利占全部发明专利的比重、发明专利占全部专利的比重、向国外的专利申请/授权数量占我国国民专利申请/授权总量的比重等。

2. 注册商标数量和质量指标

数量指标包括我国国民在国内外注册的商标数量、地理标志（作为证明商标）数量；质量指标包括驰名商标的比重、我国入选国际五大权威品牌价值评估机构排行榜的数量，例如进入世界品牌实验室（WBL）编制的《世界最具影响力的100个品牌》排行榜的中国品牌数量。

3. 其他知识产权指标

其他知识产权指标包括植物新品种申请/授权量、集成电路布图设计登记量等。

（二）对我国创新教育的评估

创新教育的评估对象包括创新教育理念、创新教育管理机制、创新教育体系建设、创新教育投入等。由于创新教育需要从娃娃抓起，因而中学、小学乃至幼儿园中创新课程的设置情况、接受过创新教育培训的师资数量等都是重要的评价指标。

二、知识产权保护战略的评估

知识产权保护战略的目标在于建立、健全知识产权保护的法律体系和运行机制，同时提高知识产权的法律确权（审查、授权）效率。对照上述目标，知识产权保护战略的评估对象包括以下几个方面。

（一）知识产权法律、法规的完备情况

知识产权法律体系庞杂，因而可以参考《知识产权协定》等国际条约和发达国家的知识产权法律体系，对我国的知识产权立法状况进行评估。

（二）知识产权司法保护进展

（1）在组织机构方面：包括有权受理知识产权案件的法院数量、从事知识产权审判的法官数量及其学历情况等。

（2）案件审理和执行方面：知识产权案件平均审案周期、案件执行率。针对我国"执行难"的司法现状，知识产权案件的执行率是衡量司法保护效果的重要指标。

（3）公众评价：通过调查问卷的方式调查公众对知识产权司法保护的满意度。

（三）专利、商标等知识产权审查、授权效率

日本、韩国的知识产权战略都强调要提高知识产权行政机关对专利、商标等的审查、授权效率，并提出了具体的审查周期要求。为测度我国知识产权行政管理机关的审查、授权效率，我国已将专利、商标的平均审查周期作为重要指标。此外，为了保证审核质量，专利、商标授权后经复审或司法审查后被宣告无效的比率、被撤销比率也可纳入评估指标体系。

（四）知识产权行政保护效果

评估指标包括我国知识产权行政保护组织体系建设情况，如全国知识产权行政执法人员总数、行政执法案件数和案件标的总额等。

（五）国际协调合作情况

评估指标包括我国参加的有关知识产权国际条约情况、有关国际组织或论坛中我国派驻工作人员的情况、我国每年承办的有关国际会议数量、我国每年参加相关国际会议的总人次等。

三、知识产权利用战略的评估

知识产权的利用是决定知识产权循环过程能否实现的关键环节。知识产权利用战略的目标在于促进知识产权向现实生产力的转化，保证知识产权战略总体目标的实现。对知识产权利用战略的评估主要是针对知识产权各流转、使用环节，评估指标包括：

（1）专利、商标的转让、许可情况。我国法律规定，专利权、商标权的

转让或许可都需要在国家知识产权局登记、备案，因此我们很容易得到专利、商标转让或许可的数据，并可以此作为评估专利、商标运用情况的指标。

（2）企业、大学、研究机构实施专利的情况。可以采集来自行业协会或主管机关的有关数据，或者采用企业调查的方式对专利的实施情况进行评估。

（3）知识产权市场体系的建设，包括国家和地方知识产权交易市场的数量、交易额。

（4）知识产权公共服务平台的建设，包括专利、商标的信息服务平台等。

（5）知识产权中介服务机构的情况，包括专利与商标代理机构、以知识产权诉讼为主业的律师事务所的数量、相关从业人员人数等。

（6）技术标准对我国国民专利的采用情况，包括若干关键产业（通信、计算机、生物、数字电器）的国际标准和国内标准中对我国国民专利的采用情况。

四、知识产权人才战略的评估

知识产权人才战略由两大部分组成，一是知识产权专门人才的培养，二是社会公众知识产权意识的培养。知识产权人才战略的目标在于造就宏大的知识产权人才队伍和建立尊重、崇尚知识产权的社会氛围，以推动知识产权的创造、保护和利用。因此，对人才战略的评估主要包括专门人才和社会公众两个方面。

（一）知识产权专门人才培养绩效的评估

专门人才培养绩效评估指标可以采用：

（1）接受知识产权专业教育或第二学位教育的学生人数；

（2）开设知识产权专业或第二学位的高校数量、知识产权师资力量；

（3）每年培养的具有硕士、博士学位的高级知识产权研究人员数量；

（4）通过专利代理师资格考试的人数；

（5）通过商标代理人资格考试的人数；

（6）知识产权律师人数。

（二）社会公众知识产权意识的评估

社会意识难以量化，因此可行的评估方法是问卷调查法。问卷的内容可以包括：对知识产权相关知识的了解情况、对知识产权保护的看法等。

▶ **思考题**

1. 我国知识产权战略绩效评估能否被社会准确感知？
2. 知识产权战略绩效评估的四种内核你认为有什么关系和侧重点？

第四章　国家知识产权科技战略介绍

教学目标：

1. 了解实施国家知识产权科技战略的域外代表国家有哪些重要举措，尤其是以美国和日本为代表；

2. 思考国家知识产权科技战略的重要内容设置的初衷；

3. 思考国家知识产权科技战略对国家创新的重要影响；

4. 学会思考国家知识产权战略所实施的政策、法律和国家科技发展的关系。

进入 21 世纪以来，以微电子技术、新材料技术、微生物工程技术为代表的始于美国、发展至东欧、西欧和日本并最终影响到全球的新技术革命浪潮，在实施高科技发展战略的背景下，推动了一大批高科技产业群的出现与发展。随着知识经济日新月异发展与全球化进程的不断加快，技术日益成为国家核心竞争力的战略性资源。与科技相关的知识产权战略或者国家专利战略日益成为国际产业布局的重要工具，受到越来越多国家的关注，并在国家经济、科技和社会发展中起着越来越重要的作用。

▶ **开篇引入：我国专利申请与授权现状**[1]

截至 2022 年年底，我国发明专利有效量为 421.2 万件，我国每万人口高

---

[1] 国家知识产权局.2022 年中国专利调查报告［EB/OL］.（2022 – 12 – 28）［2023 – 12 – 26］. https：//www.cnipa.gov.cn/art/2022/12/28/art_88_181043.html.

价值发明专利拥有量达到9.4件。WIPO发布的《世界知识产权指标》报告显示，我国发明专利有效量位居世界第一。其中，高价值发明专利拥有量达132.4万件，同比增长24.2%，占发明专利有效量的比重超过四成。

在知识产权助力企业创新方面，截至2022年年底，我国国内拥有有效发明专利的企业达35.5万家，较上年增加5.7万家，拥有有效发明专利232.4万件，同比增长21.8%。其中，高新技术企业、专精特新"小巨人"企业拥有有效发明专利151.2万件，占国内企业拥有总量的65.1%。

此外，国外在华知识产权数量稳步增长，知识产权助力高水平对外开放的作用持续显现。截至2022年年底，国外在华发明专利有效量达86.1万件，同比增长4.5%，涉及国外企业5.8万家，较上年增加0.2万家。国家知识产权局知识产权保护司司长张志成介绍，在97家国家级知识产权保护中心和快速维权中心备案的外资和合资企业超过2900家。

第一节 美国专利制度战略介绍

一、美国专利制度是成文法与判例法的混合体

美国专利制度通过对发明人提供独占权，使创新产品具有获得高额利润的可能。美国专利法属联邦法，由国会制定。其专利法实施细则和审查指南由专利商标局（USTPO）制定。专利法的规定比较宽泛而涉及具体内容（包括专利保护的范围）往往在实施细则中予以规定。USTPO通常根据美国经济、科技发展的需要，草拟实施细则并在互联网上公布，以便征询公众、专业律师、代理人的意见，从而确定实施细则的实用性和可操作性。这在较大程度上使美国专利制度具有灵活性和可操作性。

二、强调把专利颁给第一个专利发明人

美国强调把专利颁给第一个专利发明人，而不是给第一个专利申请人，

也就是说，即使专利抢注的时间在先，也不能保证就能得到专利权，充分体现了公平的原则。此外，美国对专利的保护范围不断拓宽。例如，目前世界上一些主要国家与地区还在就基因技术能否申请专利进行激烈争论的情况下，美国已进入了怎样才能授予专利权的阶段，提出对网络商业方法、基因技术给予充分的专利保护。美国专利诉讼费昂贵，但对专利侵权者的处罚力度也非常大。严格的法律规定与严格的司法制度有效地保护了专利权人的合法权益，也充分体现了专利制度的本质是激励创新，促进技术进步。

三、强调专利与标准的结合

标准本来属于技术的标准化领域范畴，但是美国将专利制度与技术标准巧妙地结合在一起，使其利用技术优势进而占据知识产权的有利地位。谁掌握了技术标准的制定权，谁就掌握了市场的主动权。因此，美国一些高技术公司常常先把规则性的东西做成国际标准，然后把这种标准性的路径全部设定成专利进行注册，最终占领市场。不仅如此，由于专利与标准的联系日益密切，发达国家和跨国公司都在力求将专利变为标准以获取最大的经济利益，因此，标准化成为专利技术追求的最高形式。而且，发达国家通过控制国际化标准为他国产品的进入设置技术贸易壁垒。标准必要专利的案例将在下篇介绍。

2023年5月4日发布的《美国政府关键和新兴技术的国家标准战略》（简称《美国国家标准战略》）重申了标准对于美国的重要性，并将更新美国基于规则的标准制定方法。同时还强调联邦政府对关键和新兴技术（CETs）国际标准的支持，并认为这将有助于加快私营部门领导的标准工作，以促进全球市场，促进互操作性，并促进美国的竞争力和创新。

四、将专利与贸易挂钩

专利在美国对外贸易中占的比重相当大，而且在阻碍他国商品进入美国市场上发挥了重要作用。专利保护范围实际上是垄断市场的问题。现在许多

知识产权管理 >>>

发达国家的公司正在取得专利的优势地位，给新的公司与研究者的进入造成困难，尤其扼制了发展中国家的技术创新空间。为此，美国大力发展专利贸易，以此战略来阻碍他国商品进入美国市场，并为美国商品占领国外市场提供方便。据USTPO统计，专利收入一直是IBM公司增长最快的利润来源之一。虽然2023年美国专利分析机构Harrity LLP公布了美国"Patent 300"排名，IBM的美国专利授权量同比下降44%，但仍高达4743件。同时，1996—2022年，IBM的专利收入已超过270亿美元。❶

▶ 思考题

1.《美国国家标准战略》在国家知识产权战略布局的不同阶段有什么变化？

2. 美国IBM公司专利授权量虽然在2023年有所减少，但美国整体专利盈利收入是否减少？

第二节 日本"科技立国"战略布局

2002年2月4日，时任日本首相发表演讲，指出日本专利权等知识产权的数量在世界上已经名列前茅。要把研究活动与创造活动的成果作为知识产权进行战略性的保护、运用，以达到强化日本产业的国际竞争力的国家目标。为此，有必要设立知识产权战略会议，强力推进必要的政策。❷ 2022年6月14日，日本文部科学省发布《2022科技创新白皮书》，介绍日本政府在振兴科学技术与创新创造方面的施策方针，并将主题定为"实现科技立国，促进科技创新"。

---

❶ 29年后，IBM失去美国专利量头把交椅［EB/OL］.（2023-01-10）［2024-04-30］. https://www.zhichanli.com/p/1561761195.

❷ 陈广君，李霄. 从"科技立国"到"知识产权立国"——日本"知识产权立国"战略简介［EB/OL］.（2006-07-14）［2024-04-30］. http://www.npc.gov.cn/c2/c189/c221/201905/t20190523_32435.html.

一、日本"科技立国"的知识产权战略发展

"二战"后,日本利用"后进国"的优势,积极推进"吸收型"的科技发展战略模式,大力引进欧美各国的先进技术,极大地推动了日本经济的发展,使日本一跃成为世界第二经济大国。日本政府为了巩固其经济地位,根据国际国内的发展形势,于20世纪80年代初提出了"科技立国"的发展战略。所谓"科技立国"的战略模式可以表述为:从引进外国先进的科学技术成果入手,在应用中模仿和吸收,并在此基础上改良和创新,进而开发"自主的"尖端科学技术,使科技达到和保持世界先进水平,以推动经济的高速发展。

在该战略的实施下,日本的应用技术研究开发能力不断增强。据1988年日本通产省工业技术院的调查显示,在47项一般工业技术中,日本有10项超过美欧国家的水平,有31项与美欧国家相当,低于美欧国家的只有6项。在专利申请中,日本也大大提高了数量,如1993年,日本专利申请数量高达38万件,远远超过德国的11.8万件、英国的10.1万件和法国的8.2万件。❶在高技术产业中,日本的航空和航天技术、医药品和精密仪器相对落后,而在办公自动化机械和电子计算机、电子产品和通信器材三种产品上具有优势。

随着技术发展带来的经济利益,人们意识到对技术等进行专利保护尤为重要。为了更好地运用包括专利池、知识产权联盟等新知识产权体系战略,日本调整方针,迈向了"知识产权立国"的道路,期待知识产权战略可以在技术发展与技术衍生的经济发展中起到更重要的作用。

二、日本实现"科技立国"的战略部署❷

《2022科技创新白皮书》主要分为两个部分。(1)实现科技立国:日本

---

❶ 刘群锋. 日本:从"科技立国"到"知识产权立国"[N]. 学习时报,2006-07-31.
❷ 令和4年版 科学技術?イノベーション白書[EB/OL]. [2023-12-26]. https://www.mext.go.jp/b_menu/hakusho/html/hpaa202201/1421221_00018.html.

研究能力的现状及问题、科技创新政策、人才培养和改善研究环境、知识创新创造的社会实施。（2）促进科技创新的措施：制定科技创新政策，实现"社会5.0"。

（一）日本的科技创新政策

日本于1996年制定了《科学技术基本法》，规定了科学技术政策的基本框架。由追赶欧美型转变为主动挑战未开发的科学技术领域，将科技振兴作为最重要的政策之一，积极谋求发展。2020年6月修订首次提出实质性修改，将"创新创造"定为核心支柱之一，并将仅涉及人文社会科学的内容纳入其中，名称改为《科学技术与创新基本法》。

根据《科学技术与创新基本法》，日本每五年制定一次科技创新基本计划（以下简称"基本计划"）。"第6期基本计划（2021—2025）"制定了约30万亿日元的政府研发经费预算，主要目标是实现"社会5.0"，促进人文社会科学与自然科学的"知识"融合，加大对改革、知识和人才的投资，继续创造更具多样性、卓越性的"知识"，使日本重获世界高水平研究能力。

（二）人才培养和改善研究环境

1. 强化大学的研究能力

（1）创设10万亿日元规模的大学基金：利用大学基金运营收益，对大学研究提供长期稳定的支持，建立以大学为核心的创新生态系统；成为世界知识中心，不断吸引来自世界各地的优秀人才，引领带动日本学术研究网络的升级。

（2）制定"区域为核心、特色的研究型大学综合振兴"计划：支持加强区域核心大学，促进特定领域优势大学发挥作用。通过实施"共创平台建设支持计划"等相关措施和制度改革，支持各类大学充分发挥各自优势和特色，解决当地经济社会发展、国内外问题，并在国际上开展特色研究。

2. 强化支撑研究能力的人才培养措施

（1）加强研究能力和支持青年研究人员综合方案。2020年1月，日本制定《加强研究能力和支持青年研究人员综合方案》，以克服日本研究能力现状,全面彻底加强研究能力。为此,日本为有积极性的研究人员(从青年研究人员到顶尖研究人员)提供一个有吸引力的研究环境,特别是加强对青年研究人员的支持,使他们能够在一个稳定的环境中专注于面向未来的挑战性研究。

(2)提高博士后待遇,拓宽职业道路。预计到2025年,博士研究生增加到以前的3倍(约占硕士研究生升学人数的70%)。2021年开始,"下一代研究人员挑战性研究计划(SPRING)"和"科技创新大学奖学金"为优秀博士后提供经济支持(生活费和研究费用),以及广泛的职业发展道路。连同现有"特别研究人员(DC)计划"等支持措施,预计将支持1.5万名博士研究生。

(3)实现社会5.0的教育和人才资源开发计划。日本中央教育审议会和产业结构审议会参与到日本综合科技创新会议,制定了关于"实现社会5.0的教育和人力资源开发"的一系列计划,各方达成的共识是在不断变化的社会结构中,不同特点和兴趣将成为未来价值创造和创新的源泉,其中包括:重视儿童特点,学习"时间"和"空间"的多样化;探索建立支持全社会科学、技术、工程、艺术、数学(STEAM)教育生态系统;帮助独特才能的儿童"喜欢/热爱"学习;摆脱文理分科,消除科学与数学学习上的性别差距。

(4)促进能够发挥科技创新主导作用的女性研究人员的培育政策实施。根据世界经济合作与发展组织(OECD)调查,2019年进入大学等高等教育机构的学生中,日本科学、技术、工程和数学(STEM)领域的女性占比是成员国中最低的。为此,日本创造教育未来委员会于2022年5月发布提案:向积极致力于培养理科专业本科女生的大学和研究机构提供财政资助。日本科学技术振兴机构(JST)实施了"支持女初高中科学职业选择计划"。

(5)大学研究管理人员、技术人员等管理人才的培养、支持与保障。日本于2011年开始实施"培养和确保研究管理人员的系统建设项目",并在大学和其他机构部署了大学研究管理员(University Research Administrator,URA)。2013年开始的"促进加强研究型大学促进项目"要求选定机构主动培养 URA。

3. 加强改善研究环境的相关措施

随着整个社会的数字化，研究活动的数字化转型趋势正在加速。为了创造拥有更高附加值的研究成果，必须从软件和硬件两个方面着手研究数字化问题：软件方面，日本从战略上收集、共享和利用研究过程中产生的数据；硬件方面，日本致力于研究设施设备的远程化和智能化，以及下一代数字基础设施的建设。

4. 推进科技国际化发展的战略性政策

为促进科学技术的国际部署开辟多种可能性，如人才流动、"国际头脑循环"、国际合作研究、支持博士生向国际发展。目前，日本正在采取各种措施促进跨国合作，以实现从日本到海外再回流日本。日本正在推进大学等的国际化、日本学生海外留学、接收外国留学生，以此促进留学生交流，实现更高质量的国际流动。

（三）"知识创新创造"的社会实施

1. 推动研究成果的社会实施和创新措施

（1）推进"登月型"研发制度的实施，以应对超老龄化社会和全球变暖等严峻的社会问题，开展具有挑战性的研究。

（2）战略性创新创造计划（SIP）是通过产业、大学和政府合作，从基础研究到实际应用、商业化的计划，对日本的经济和产业竞争力至关重要。

（3）日本设立2万亿日元"绿色创新基金"。

（4）支持作为创新主力军的初创企业，推动新业务、新产业创造出高附加值的成功模式，日本将2022年定位为"初创企业元年"，并设定五年计划，致力于创建大规模的初创企业。

2. 保障经济安全

随着科技创新逐渐成为国家间竞争的核心，人工智能、量子等前沿关键技术涌现，世界主要国家大力推进关键技术的识别、信息收集、处理技术泄露问题和研发尖端技术等，以保障国家和国民安全。在横跨安全和经济领域，国家间的竞争日趋激烈，日本科学技术和创新政策也必须以保障经济安全为中心进行改革。为了提高日本的技术优势，确保在国际社会中不可或缺的地位，有必要大力推进和培育重要技术的研究开发，有必要在立足科学技术多样性的基础上，加强作为综合安全保障基础的科学技术力量。

为此，日本政府正在开展以下工作：

（1）新安全保障的智库职能；

（2）经济安全保障关键技术培育计划；

（3）确保综合有效推进经济政策的相关立法。

3. 活用综合知识的科技创新政策

为了探讨科技创新政策的现状，解决日益复杂的社会问题，日本需要综合利用自然科学的知识和人文社会科学的知识，思考人类和社会的理想未来，以及每个人幸福的多种存在方式。

▶ 思考题

1. 日本"科技立国"战略与中国"知识产权强国"战略之间有何异同？

2. 日本"科技立国"的重点部署内容对中国国家知识产权战略布局的重点设置有何启发？

第五章　国家文化知识产权战略介绍

教学目标：

1. 了解实施国家文化知识产权战略的域外代表国家有哪些重要举措，尤其是以美国和日本为代表；

2. 掌握国家文化知识产权战略的重要内核；

3. 理解国家知识产权战略对国家文化产业的重要影响；

4. 学会思考知识产权战略管理所实施的政策、法律与国家软实力的关系。

第一节　美国文化战略介绍

作为文化强国，美国始终坚持文化输出战略来维持自身的世界霸权地位。美国文化输出战略具有如下三个值得关注的特征：第一，通过美国生活方式的推销来建立文化霸权。美国的文化输出战略走出了一条"先输出生活方式，后输出美国价值"的道路。美国式生活方式的全面推广，极大增强了美国价值观的诱惑力，从而成为"文化输出"战略的核心。因此，美国的好莱坞等文化产业和文化商品无不用感性直观的方式呈现美国生活方式，从而浸染着美国价值观并到处推广。第二，不断增强社会科学理论领域的议题设置能力。美国网罗社会科学领域的世界精英，炮制各种社会科学领域的新概念和新话语，表现出强大的议题设置能力。议题设置能力是美国文化输出战略的核心能力，使美国处于全球文化话语生产链条的顶端。一旦拥有议题设置能力,人们即使不同意美国人的理论,但是依旧会用美国生产出来的理论话语来自我审视。第三,始终把持文化生产的基础设施。文化生产虽然是人们头脑中的观念活动,但也必须借助一定的基础设施,例如报纸、媒体、网络。这些基础设施也就构成了文化生产与传播的渠道。美国的文化霸权不仅体现在文化商品的垄断,同时也体现为文化生产渠道的垄断,后者比前者更具有隐蔽性和扩张性。

美国的广义文化政策主要包括:利用世贸组织和其他一些国际机构推行新自由主义政策,为美国文化产业的全球生产和消费打通道路,通过发展版权业(主要是软件业、电影业)垄断全球文化市场;与此同时,利用发达的文化软实力以及军事外交的硬实力,积极推销美国文化,也就是其"民主制度、价值观念和生活方式"。

"美国学者约翰·耶马在其《世界的美国化》一文中指出,关于文化扩张,'美国真正的"武器"是好莱坞的电影业、麦迪逊大街的形象设计厂和马特尔公司、可口可乐公司的生产线'。"❶ 因此,美国对外通过影视产品、图书、各种媒体以及资助非营利性文化机构等方式"嵌入""配售"美国价值观和生活方式,以此打造出一个以美式文化为主导的文化和舆论空间,推动文化霸权。

第二节 英国文化创意战略介绍

英国的文化战略十分强调文化的原创能力与创新意识。在此方面,英国形成了"文化创意战略"。20世纪90年代,英国政府通过文化创意战略的实施,逐渐扭转了人们对英国文化的传统印象,塑造出一个富有活力和朝气的新文化形象。英国的文化创意战略的核心是提升文化创造力。英国不是主要依靠行政干预手段来推行文化创意战略,而是主张通过市场机制和自由环境

---

❶ 推行文化霸权,妨害多元文明共存[N]. 北京日报,2020-10-31(4).

来保护文化创造力，由此形成"创意英国"的形象。有学者指出，英国的创意设计长期以来备受世界赞誉，许多顶级的国际品牌或图书，如苹果的IPOD、宝马的MINI汽车等的设计，以及风靡世界的科幻小说《哈利·波特》《海豚岛》《时间机器》《隐形人》《星际大战》和世界著名科幻大师克拉克撰写的《2010：太空漫游》等均出自英国。可以看出，英国在文化创意方面的成就比较可观，英国成为世界上仅次于美国的第二大文化创意产品生产国。

第三节　日韩文化立国战略介绍

我国有一段时间出现过"哈日""哈韩"之类的文化现象，这体现了日韩两国在东亚地区的文化影响力。日韩两国的文化影响力与日俱增，正是日韩两国实施"文化立国"战略的体现。日韩两国均将发展文化产业、让文化产业走出去、扩大文化产业的国际影响力，上升到国家战略的高度。日本在"二战"中的溃败宣告了其军事立国的破产，转而走向"科技立国"，大力推动科技创新，以此提振日本的经济复兴。为了扭转国际社会对日本仅是"经济动物"的偏见，改变经济发展与文化发展失衡的现象，日本提出了"文化立国"战略。继日本之后，韩国也在20世纪90年代确立了"文化立国"战略。自1997年亚洲金融危机以来，韩国政府在调整国内产业结构的同时将文化产业列为韩国支柱产业，甚至在1997年设立了"文化产业基金"，为文化产业提供雄厚的资金支持。纵观日韩两国的"文化立国"战略，两国不仅大力发展影视、动漫、网络游戏等娱乐产业，而且都借助娱乐产业不断扩大文化的国际影响力，从而使文化产业成为两国的文化名片而风靡世界。

综观上述各国文化发展战略，可以发现：一方面，各国文化发展战略都具有一个共性，即一个国家文化战略的制定必须要有一个顶层设计，即对文化发展的总体把握和全局思考。没有顶层设计，也就没有对文化发展的主动引领，也就没有文化发展的合理布局。另一方面，各国文化发展战略又具有显著的个性。文化战略的顶层设计必须考虑各国的文化需求乃至社会发展现实，文化传统、社会诉求、问题意识的差异决定了各国文化发展战略的特殊性。这就意味着，在文化发展战略上，我们固然可以借鉴吸收他国的经验，但绝不能照搬照抄他国现成的文化发展模式，而是应当立足我国实际，制定出符合我国文化建设与社会发展需要的文化发展战略。

▶ **思考题**

1. 各国文化知识产权战略之间有何异同？
2. 中国文化知识产权战略布局的重点设置是否契合国际水平？

第六章　国家知识产权战略的产业政策介绍

教学目标：
1. 了解国家知识产权战略中的创新内核与产业发展的重要关系；
2. 掌握创新链和产业链的概念、关系；
3. 了解并掌握国家知识产权战略中"双链融合"的重要价值；
4. 学会思考中国知识产权战略中"双链融合"实现的优化进路。

2020年4月，习近平总书记提出了"围绕产业链部署创新链、围绕创新链布局产业链，推动经济高质量发展迈出更大步伐"的要求。❶ 从逆全球化抬头、国际经济治理体系面临严峻考验的大形势来看，这一要求精准地为我国经济和科技建设指明了发展的方向。知识产权作为创新链和产业链中的要素，均在各个链条中扮演着重要的角色。

第一节　知识产权两个链条的含义

创新链概念起源于20世纪70年代，发展于90年代，至今管理学界和经济学界对于创新链的理解还有着多种界定。但作为研发成果的知识产权在创新链中的重要地位，则无人质疑。从知识产权的角度看，创新链的内容应包含知识产权产出的全过程，以及知识产权管理的部分内容，即从创意产生开

---

❶ 人民日报评论员：推动经济高质量发展迈出更大步伐[N]. 人民日报，2020-04-27 (01).

始到成果产出并完成最后修正这一过程的全部必要环节。

产业链是基于特定产业发展并将相关产业部门关联起来的链条形态，可以从价值链、供需链、企业链和空间链等多个维度来理解。知识产权在产业链中无处不在，无论是产品设计之初，还是制造阶段为提升工艺而使用的技术秘密，甚至在销售阶段也会因改进销售技巧而形成知识产权。

虽然创新链和产业链中都有知识产权概念存在，但其实两者表达的含义并不完全相同。创新链中的知识产权主要表现在研发成果上，当然创新和研究的过程也涉及知识产权，但是最终成果通常以知识产权的形式表现出来，并且以这种方式进入产业链。而产业链中知识产权通常会被作价，以货币的形式成为产品的投入成本，体现在产品的附加值上，与产业链的其他环节一起参与市场竞争。最终，创新链中知识产权的产出成本将通过产业链中的产品实现价值"回笼"。因此，知识产权实际上贯穿创新链和产业链的始终，是串起一颗颗璀璨"珍珠"的线索，知识产权的有效运用将对产业链和创新链的融合产生积极的作用。

第二节　"双链融合"中的知识产权战略

产业链和创新链的"双链融合"已成为国际公司和跨国公司经营内容的核心部分，而知识产权工作也上升到了产业战略的高度。通过对一些核心技术领域知识产权情况的调查分析发现，全球产业界在"双链融合"中使用的知识产权战略主要有以下几种：一是以知识产权为纽带，使分属产业链中重点企业，以平等的地位开展创新且共享成果，从而达到产业协同发展的目的。如美国通用电气和法国赛峰集团，以各持股50%的方式创建了两家平股合资公司，共同研发并各自许可相关专利使用，这两家公司就是在飞机发动机领域赫赫有名的奈赛公司和CFM国际公司。二是知识产权的纵向攻防战略，即以知识产权为武器、技术现状为考量重点的战略。以创新链管理中的专利布局环节为例，研究发现，企业在实施专利布局之前更多地考虑到了研发进度或者技术发展的情况，特别是在一些高新技术领域，很多行业龙头企业专利布局的重点是美国、日本、欧洲等技术发达的国家或地区，如在国防和现代电子工业中都极为重要的超精密抛光技术，世界龙头企业都优先在美国、日本、欧洲布局相关专利，但在我国则只提交了少量专利申请。这与我们通常认为的，市场决定企业专利布局的看法不同。三是知识产权的横向攻防战略，即以产业情况不同而分别采取抱团研发或闭门造车的战略。如在广泛用于航空航天领域的高端环氧树脂技术就表现出知识产权在创新链聚集的情况，产业巨头抱团研发，研发成果分别用在各自优势的产业链环节上，而在自动驾驶激光雷达产业中，则都是自己闷头搞研发，大多只是与联系密切的大学和科研院所合作，很少引用其他公司的专利。

由此可见，在"双链融合"的过程中，已经产生出多种不同的知识产权战略，它们的共同点包括：一是知识产权的战略作用日渐加强且深刻融入创新链和产业链；二是所有的知识产权战略都适合产业的特点并符合大多数参与者的利益，能够最大化地提升"双链融合"的效果。

第三节　我国产业"双链融合"中的知识产权战略

无论国际政治、经济形势如何变化，世界科技都将保持突飞猛进的发展速度。越来越多的先进技术都将建立在前人研究的基础上，呈现多学科、多领域集成的特点。越是先进技术，这样的特点就越鲜明。因此可以认为，没有任何一个领域的创新能够独自完成。知识产权必然不会仅存在于某一个特定领域，而是影响着多个领域的技术发展，从而作用于诸多产业链条。

因此，我国产业要在"双链融合"中充分发挥知识产权作用，形成符合自己利益的知识产权战略，首先，要加强知识产权的战略意识，将知识产权战略融入创新链和产业链之中，成为经营规划的重点。其次，要打破企业甚至产业隔膜，建立大局意识，形成企业或产业战略规划，使企业或产业在产业链中成为佼佼者。再次，要将产业链与创新链融合起来看待知识产权，理解"双链融合"既是知识产权战略产生的环境和土壤,又是它将作用的对象。"双链"发展的趋势决定了知识产权战略是否能够持续发展,同时也验证了它的效果。最后,要尽量避免墨守成规,培养因时制宜和因事制宜的意识和能力,灵活地、战略地看待变化和处理问题,让知识产权这一有力武器在"双链融合"中最大限度地发挥出它的作用。

▶ 思考题

1. "创新链""产业链"如何更好地实现互动?
2. 除"双链融合"之外,是否存在其他链条需要重视?

本篇拓展阅读推荐

[1] 张笑宇. 技术与文明：我们的时代和未来 [M]. 桂林：广西师范大学出版社，2021.

[2] 张笑宇. 重建大陆：反思五百年的世界秩序 [M]. 桂林：广西师范大学出版社，2015.

[3] 张笑宇. 跨国公司管理手册 [M]. 2版. 北京：中央编译出版社，2017.

[4] 张笑宇. 商贸与文明 [M]. 桂林：广西师范大学出版社，2022.

[5] 张笑宇. 产业与文明 [M]. 桂林：广西师范大学出版社，2023.

[6] 保罗·戈斯汀. 著作权之道：从印刷机到数字云 [M]. 金海军，译. 北京：商务印书馆，2023.

[7] 保罗·戈斯汀. 著作权之道：从谷登堡到数字点播机 [M]. 金海军，译. 北京：北京大学出版社，2008.

下 篇
企业战略管理篇

不掌握自主知识产权，就谈不上真正的自主创新。而核心专利是自主创新的脊梁，一项核心专利可以成就一个企业，形成一个产业。

——宋柳平❶

我关注知识产权，我相信知识产权管理就是怎样增加施乐公司的价值。现在，善于管理知识产权的公司将会成功，而不善于经营知识产权的公司将被淘汰。

——（美）理查德·托曼❷

---

❶ 立足创新创造，构建共同未来 [EB/OL]. (2024-04-26) [2024-04-30]. https://mp.weixin.qq.com/s/0vMQtukiWhnwDm9tahaeZw.

❷ 王中，王晓菡. 外贸法律实务 [M]. 北京：对外经济贸易大学出版社，2009：155.

本篇简介

　　知识产权管理既是一个理论问题，更是一个实务问题。在当今这个飞速发展的知识经济时代，只有从理论探讨与实务创新两个方面来考察知识产权管理，才能够立体地把握其应处之坐标点，充分发挥管理在知识产权能力建设方面的重要作用。

　　为了更为直观地展现知识产权管理的重要性，本篇主要从企业这一主体的知识产权管理战略出发，探寻其在知识产权管理过程中，从权利的创造、取得、运行和保护这四个部分继续划分，分为创造时需要注意的内容与案例解析、权利取得过程中需要注意的内容与案例解析，以及最终在运行和后续保护时可能产生的问题与案例解析，同时增加企业在"走出去"过程中可能遇到的风险以及案例分析，更加直观地在不需要过多地掌握理论基础之上把握企业知识产权管理的微操作与实践可能性。

第七章　企业知识产权战略管理总述

教学目标：

1. 理解企业战略管理的概念、特征等体系化内容；
2. 知道企业战略的分析工具和模型特征；
3. 了解企业知识产权战略管理与知识型企业和知识产权的密切关系；
4. 准确把握影响企业知识产权战略管理的四大因素，以及与这些因素相关的调整战略。

在知识产权战略管理体系中，如果说国家知识产权战略是"总把手""总舵手"，那么企业知识产权战略就是跟随"总把手"的"实干者"，负责将"总把手"提供的发展方向落实到具体实践中来，同时不断地将"偏航""偏轨"的结果反馈给"总把手"，使国家知识产权战略及时调整"轨道"，从而形成良性互动，帮助完善知识产权战略管理体系。因此，企业知识产权战略管理在知识产权战略体系中具有特殊地位，其保障了知识产权的开发、实施知识产权战略、反馈并帮助优化知识产权战略，以及推动知识产权战略国家化、体系化、现代化的整体发展，可谓知识产权战略实施的根基。因此，在知识产权战略体系中，应重点以企业战略为主体、以市场良性竞争为导向，发挥知识产权战略的价值、实现知识产权战略的目标。

▶ **开篇引入：鸿海科技集团知识产权战略管理**

鸿海科技集团作为富士康科技集团的母公司，成立于 1974 年，是目前全

知识产权管理 >>>

球 3C（电脑、通信、消费类电子）代工领域规模最大、成长最快的国际集团。该集团 2023 年荣获中国台湾地区"发明创作银牌奖"（显示荧幕之图形化使用者界面专利），并在 2023 年《财富》世界 500 强排行榜中位列第 27 名。❶ 这里要说的则是其专利管理战略。

2022 年年初，鸿海科技集团将集团知识产权管理战略通过官方网站与外界分享，说明公司在知识产权领域的管理、取得、维护以及奖励的方式，并定期公布统计的专利数量，说明专利范围之定义、所使用之平台与统计方法，以公开、透明的方式，让外界进一步了解集团在专利上的布局与应用。同时，以"有质、有量、有多用"作为专利策略，除了强调专利的品质与数量，亦强调在关键技术上发挥影响力，对人类社会有贡献的"有用"且能广泛应用的"多用"。

其具体管理方式包括：以资讯系统及专业事务所辅助，滚动式改良资讯系统功能，合并创新提案、专利分案申请、已获证专利维护、商标申请、商标维护、商业秘密管理等不同知识产权所需管理功能，以数位化模式提升资料分析及知识产权管理效率，降低知识产权管理错误风险。其取得策略主要包括：（1）以各国知识产权局已公开专利文件为出发点，分析相关产业专利欲解决产业界的问题为何，并鼓励研发同人解决问题，提出更有效益的解决方案；（2）与鸿海研究院合作，论文与专利的产出并重；跟随集团的政策及目标，制定不同的商标申请与维护策略；完善奖励制度，激励创新提案；（3）建立创意分享机制，鼓励同人头脑风暴完善创意。在维护与应用层面，其采取的策略为：（1）各部门以各自产品、技术领域分析专利可用性，制定应用策略，从自用、授权到申请政府资助，皆能提高集团专利、技术秘密价值；（2）举办鸿海专利扶植新创活动，通过一定时间内免费授权机制，鼓励新创企业采用鸿海专利，除了可以基于分享技术的精神扶植新创企业，造福社会，也能透过新创企业内容增加现有专利可用性。

---

❶ 2023 年《财富》世界 500 强排行榜榜单［EB/OL］.（2023 - 08 - 02）［2023 - 12 - 26］. https://www.fortunechina.com/fortune500/c/2023 - 08/02/content_436874.htm.

第一节 企业战略管理概述

一、企业战略概述

(一) 企业战略的定义与内涵

1965年,安索夫出版的《企业战略》,成为现代企业战略管理理论的研究起点。他在研究多元化经营企业的基础上,提出"战略四要素"说,认为战略应当包括在产品与市场范围内的四个构成要素:(1)企业在所处行业中的产品与市场的地位增长向量;(2)企业的经营方向和发展趋势协同效应;(3)一种联合作用的效果,它是企业获得的大于由部分资源独立创造价值的联合回报效果竞争优势;(4)企业及其产品所具备的不同于竞争对手的能够为企业奠定牢固竞争地位的特殊因素。由此,战略管理理论的研究逐渐由单纯的组织内部转向组织与环境的关系研究。迈克尔·波特在其著名的《竞争战略》中认为,战略是靠执行和对手不一样的活动或用不同的方式执行类似活动,战略的本质就是选择不做哪些事情,即在竞争时有所取舍,这就意味着,企业间可能从事着不同于对手的运营活动,或者以不同的方式从事着相同的活动。企业战略是企业为之奋斗的一些终点与企业为达到它们而寻求的途径政策的结合物。

企业战略是企业为了获得持续竞争优势,谋求长期生存和发展,在外部环境和资源分析的基础上,对企业的主要发展方向、目标以及实现的途径、手段等方面所展开的一系列全局性、根本性和长远性的谋划。企业战略回答了企业现在处于何处的问题,使企业明确自己的位置。这种回答是企业在认真分析自己的内部环境长处和短处,认真考察企业的外部环境机会和威胁后,在系统研究的基础上得到的。当内部环境不断发生深刻变化时,企业只有时刻明确自己的位置,才能生存和发展。

企业战略规定了企业的宗旨和目标。在明确自己的位置后，企业还要明确自己今后向何处去。企业的宗旨就是企业的存在理由，它规定了企业将以何种方式、何种产品或何种服务去满足哪一个市场的哪一部分需求。企业的目标是企业未来活动所要得到的结果。

企业战略包括对实现企业宗旨和目标的途径和政策选择。这种选择包括企业在产品或服务、市场及营销策略、组织结构及人员配置、资本运营、研究开发等方面的决策。企业战略有助于提高企业活动的统一性和协调性。它为企业活动提供了明确的方向和时间安排，并为企业经营决策提供了依据，为企业活动的评价和控制提供了标准。

（二）企业战略的分析工具与方法

企业战略分析中，常用的工具与方法有 PEST 分析、竞争的五种力量模型分析、价值链分析、SWOT 分析等。

1. PEST 分析

PEST 分析是指宏观环境的分析，P 是政治环境（Political），E 是经济环境（Economic），S 是社会文化环境（Social & Cultural），T 是技术环境（Technological）。在分析一个企业所处的背景和所面临的状况时，通常是通过这四个因素来进行分析（见图 7-1）。

政治环境主要包括政治制度与体制、政治局势、政府的态度以及有关的法律法规等。经济环境主要包括宏观经济形势、财政货币政策、利率水平、汇率水平、通货膨胀、失业率水平、居民可支配收入水平、能源供给成本、市场经济成熟程度、市场需求等。社会文化环境中影响最大的是人口环境和文化背景，人口环境主要包括人口规模、年龄结构、人口分布、种族结构以及收入分布等，文化背景主要包括文化传统、消费习惯等。技术环境不仅包括技术变革速度、产品生命周期，而且还包括与企业市场有关的新技术、新工艺、新材料的出现和发展趋势及其应用背景。

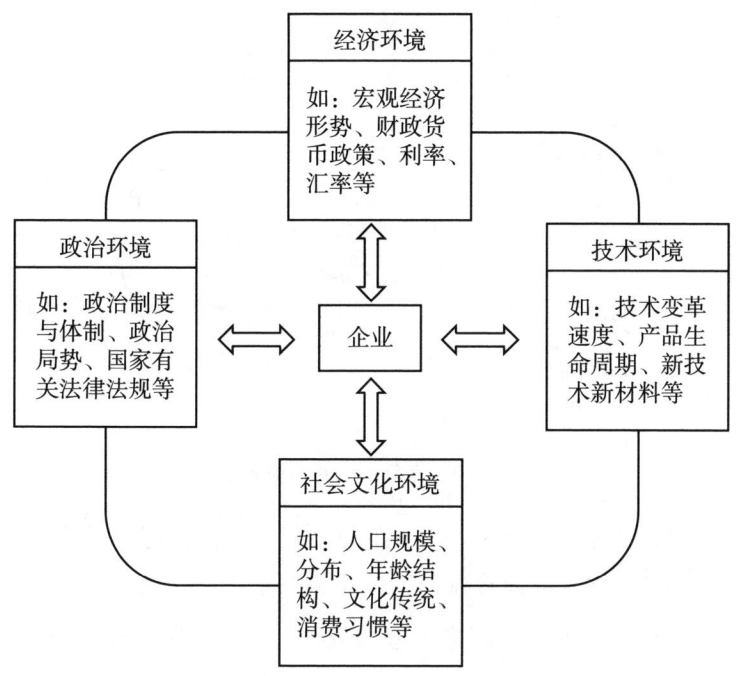

图 7-1 PEST 分析模型

2. 竞争的五种力量模型分析

深入分析行业的竞争过程从而挖掘出竞争压力的源泉，这是行业及竞争分析的一个重要组成部分。一个行业中的竞争状态是各个竞争力量共同作用的结果。迈克尔·波特对于管理理论的一个主要贡献，是在产业经济学与管理学之间架起了一座桥梁。在其经典著作《竞争战略》中，他提出了行业结构分析模型，为研究产业的竞争形态及如何设计相应的战略提供了一个有效的分析构架。根据波特的观点，一个行业中的竞争，不是只在原有竞争对手中进行，而是存在五种基本的竞争力量：潜在的行业新进入者、替代品的威胁、买方讨价还价的能力、供应商讨价还价的能力以及现有竞争者之间的竞争（见图 7-2）。这五种基本竞争力量的状况及综合强度，决定着行业的竞争激烈程度，从而决定着行业中最终的获利潜力以及资本向本行业的流向程度，这一切最终决定着企业保持高收益的能力。

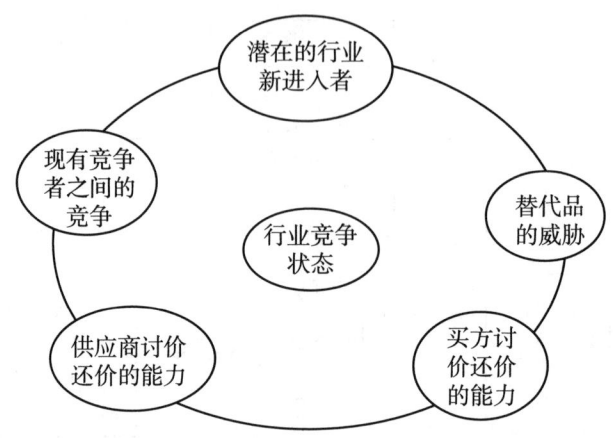

图7-2 竞争的五种力量模型

(1) 潜在的行业新进入者。潜在的行业新进入者是行业竞争的一种重要力量,这些新进入者大都拥有新的生产能力和某些必需的资源,期待能建立有利的市场地位。一方面,新进入者加入该行业,会带来生产能力的扩大,带来对市场占有率的要求,这必然引起与现有企业的激烈竞争,使产品价格下跌;另一方面,新加入者要获得资源进行生产,从而可能使得行业生产成本升高,这两方面都会导致行业的获利能力下降。

(2) 替代品的威胁。处于不同行业的企业有时也会发生竞争,其原因是这些企业的产品具有相互替代的性质。替代产品的价格如果比较低,它投入市场就会使本行业产品的价格上限只能处在较低的水平,这就限制了本行业的收益。本行业与生产替代产品的其他行业进行的竞争,常常需要本行业所有企业采取共同措施和集体行动。

(3) 买方讨价还价的能力。买方即顾客,买方的竞争力量需要视具体情况而定,但主要由以下三个因素决定:买方所需产品的数量、买方转而购买其他替代产品所需的成本、买方所各自追求的目标。买方可能要求降低购买价格,要求高质量的产品和更多的优质服务,其结果是使得行业的竞争者相互竞争残杀,导致行业利润下降。

(4) 供应商讨价还价的能力。对某一行业来说,供应商竞争力量的强弱，主要取决于供应商行业的市场状况以及他们所提供物品的重要性。供应商的威胁手段一是提高供应价格，二是降低相应产品或服务的质量，从而使下游行业利润下降。

（5）现有竞争者之间的竞争。这种竞争力量是企业所面对的最强大的一种力量，这些竞争者根据自己的一整套规划，运用各种手段（价格、质量、造型、服务、担保、广告、销售网络、创新等）力图在市场上占据有利地位和争夺更多的消费者，对行业造成了极大的威胁。

在波特五种力量模型的基础上，管理学家弗雷曼建议将"其他利益相关者"加到波特的竞争模型中。这些利益相关者包括股东、债权人、员工、政府、工会、地方社区、贸易组织、特殊利益集团等。波特五种力量模型是一个非常有力的分析工具，有助于系统地分析市场上面临的竞争格局，判断每种竞争压力的强弱及重要程度。

3. 价值链分析

早期的价值链思想是由美国麦肯锡咨询公司提出的，1985年哈佛大学商学院教授迈克尔·波特在所著的《竞争优势》一书中正式从理论上提出"价值链"这一概念。波特认为，"每一个企业都是在设计、生产、销售、发送和辅助其产品的过程中进行种种活动的集合体。所有这些活动可以用一个价值链来表明"。[1] 企业的价值创造是通过一系列活动构成的，这些活动可分为基本活动和辅助活动两类，基本活动包括内部后勤、生产作业、外部后勤、市场和销售、服务等；而辅助活动则包括采购、技术开发、人力资源管理和企业基础设施等。这些互不相同但又相互关联的生产经营活动，构成了一个创造价值的动态过程，即价值链。

价值链在经济活动中是无处不在的，上下游关联的企业与企业之间存在行业价值链，企业内部各业务单元的联系构成了企业的价值链，企业内部各业务单元之间也存在着价值链联结。价值链上的每一项价值活动都会对企业

---

[1] 迈克尔·波特. 竞争优势 [M]. 陈小悦, 译. 北京：华夏出版社, 1997：33.

最终能够实现多大的价值造成影响。

波特的"价值链"理论揭示，企业与企业的竞争，不只是某个环节的竞争而且是整个价值链的竞争，整个价值链的综合竞争力决定企业的竞争力。用波特的话来说："消费者心目中的价值由一连串企业内部物质与技术上的具体活动与利润所构成，当你和其他企业竞争时，其实是内部多项活动在进行竞争，而不是某一项活动的竞争。"❶ 波特认为，"价值链是一个企业判定竞争优势，创造和维持竞争力优势的基本工具"。❷ 价值链分析的核心是将客户的所有资源、价值活动与企业的战略目标紧密连接起来，以价值增值为目的，形成一个简明而清晰的结构框架帮助客户清晰认识企业中相关各链条的重要意义。运用价值链的分析方法来确定核心竞争力，就是要求企业密切关注组织的资源状态，要求企业特别关注和培养在价值链的关键环节上获得重要的核心竞争力（core competence）❸，以形成和巩固企业在行业内的竞争优势。

4. SWOT 分析

SWOT 分析又称为态势分析，它是由旧金山大学管理学教授安德鲁斯于 20 世纪 80 年代初提出的，其中 S 代表内部优势（Strength），W 代表内部弱点（Weakness），O 代表外部机会（Opportunity），T 代表外部威胁（Threat）（见表 7-1）。SWOT 分析就是将与企业发展密切相关的各种主要优势、劣势、机会和威胁等，通过调查列举出来并依照矩阵形式排列，然后用系统分析的思想，把各种因素相互匹配起来加以分析，从中得出一系列相应的结论，而这些结论通常带有一定的决策性。SWOT 分析法的理论基础是：战略制定

---

❶ 迈克尔·波特. 竞争优势 [M]. 陈小悦, 译. 北京：华夏出版社, 1997：132.
❷ 迈克尔·波特. 竞争优势 [M]. 陈小悦, 译. 北京：华夏出版社, 1997：35.
❸ 普拉哈拉德和哈默认为核心竞争力是一种不易被竞争对手仿效、能带来超额利润的独特能力（知识和技能）。张维迎则认为核心竞争力是指竞争主体在市场竞争中建立起来的、持久地获取优势地位的能力。这种优势必须是与竞争对手相比独有的某种能力或资源，是竞争对手"偷不去、买不来、拆不开、带不走、溜不掉"的东西。张维迎. 企业的核心竞争力及人才选用机制 [J]. 企业研究, 2010 (18)：4-5.

的目标必须是寻求和产生公司战略同公司的外部环境之间的良好匹配；环境对战略的影响可以归结为企业存在的机会和面临的威胁，资源分析实际上就是明确企业拥有的实力和弱点；机会和威胁、实力和弱点都不是孤立的、绝对的。运用这种方法，可以对研究对象所处的情景进行全面、系统、准确的研究，从而根据研究结果制定相应的发展战略，使公司的战略与企业内部资源、外部环境有机结合（见图 7－3）。

表 7－1 SWOT 分析的重点内容

	优势	劣势
内部	产权清晰、机制灵活； 技术先进； 成本优势； 品牌知名度高； 研发能力或市场拓展能力强； 具有高素质的管理者或人才； 雄厚的资金实力； 有稳定的供应商和客户； 良好的企业形象和企业文化等	公司治理不规范、内部管理不佳； 设备老化、技术落后； 资金紧缺、负担严重； 产品质量差、成本居高不下； 员工素质较低、人才流失严重； 领导班子不团结或知识老化； 企业执行力或营销能力差； 企业规模小、抗风险能力弱； 企业没有凝聚力、企业文化落后等
	机会	威胁
外部	纵向一体化市场； 增长迅速互补； 产品需求量上升； 能争取到新的顾客群； 有进入新市场的可能； 出口关税或利率降低； 在同行业中经营业绩领先； 政府政策支持，甚至垄断经营	不利的政府政策； 市场增长缓慢甚至萎缩； 有新的竞争者进入； 行业替代产品销售额不断上升； 竞争压力大、行业利润率降低； 消费者偏好发生变化； 用户讨价还价能力增强； 加息或通货膨胀率较高

SWOT 分析法常常被用于制定企业发展战略和分析竞争对手情况，在战略分析中，它是最常用的方法之一。SWOT 分析提供了四种基本战略思路，即 SO 战略、WO 战略、ST 战略和 WT 战略。

SO 战略就是依靠内部优势去抓住外部机会的战略。如一个资源雄厚（内在优势）的企业发现某一国际市场未曾饱和（外部机会），那么它就应该采取 SO 战略去开拓这一国际市场。WO 战略是利用外部机会来改进内部弱点的战略。如一个面对计算机服务需求增长的企业，却十分缺乏技术专家，那么就应该采用 WO 战略培养招聘技术专家，或购入一个高技术的计算机公司。ST 战略就是利用企业的优势，去避免或减轻外部威胁的打击。如一个企业的销售渠道很多，但是由于各种限制又不允许它经营其他商品，那么就应该采取 ST 战略，走集中型、多样化的道路。WT 战略就是克服内部弱点和避免外部威胁的战略。如一个商品质量差，供应渠道不可靠的企业应该采取 WT 战略，强化企业管理，提高产品质量，稳定供应渠道，或走联合、合并之路以谋生存和发展。

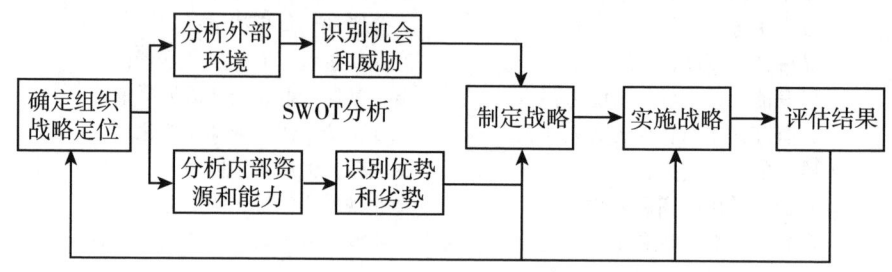

图 7-3　SWOT 战略分析的流程

二、企业战略管理概述

企业战略管理是企业在宏观层面通过分析、预测、规划、控制等手段，实现充分利用该企业的人、财、物等资源，以达到优化管理，提高经济效益的目的。企业战略管理是对企业战略的设计、选择、控制和实施，直至达到企业战略总目标的全过程。但其有着发展和形成过程、独特的原则和管理过程。

（一）企业战略管理理论发展与中国企业战略管理的形成

企业战略管理理论的产生与发展大致经历了三个阶段：早期战略思想阶段、古典战略理论阶段、战略竞争理论阶段。早期战略思想阶段虽没有产生完整的战略理论体系，但出现了一些比较精彩的战略思想。如法约尔提出了管理五项职能：计划、组织、指挥、协调和控制，其中计划职能是企业管理的首要职能；以及巴纳德提出的关于组织与环境相"匹配"的主张。1965年安索夫《公司战略》的出版，标志着企业战略管理理论的研究进入了一个新的阶段，在这一时期出现了多种不同的理论学派，其中最为典型的是计划学派。计划学派认为，战略的形成是一个受到控制的、有意识的、规范性的过程，企业战略应当详细、具体，包括企业目标、资金预算、执行步骤等实施计划，以保证企业战略的顺利实现。

随着企业战略竞争理论和企业经营实践的发展，企业战略理论的研究重点逐步转移到企业竞争方面，特别是20世纪80年代以来，企业战略竞争理论涌现出三大主要战略学派：行业结构学派、核心能力学派和战略资源学派。行业结构学派的主要代表是波特，他实现了产业组织理论和企业竞争战略理论的创新兼容，并达成了战略和实施这两个过程的有机统一。行业结构分析是确立竞争战略的基石，理解行业结构是战略制定的起点。核心能力学派认为，企业战略的目标就在于识别和开发竞争对手难以模仿的核心能力。只有具备了这种核心能力，企业才能快速适应市场的变化，满足顾客的需求，才能在顾客心目中将企业与竞争对手区分开来。战略资源学派认为，企业战略的主要内容是如何培育企业独特的战略资源，以及最大限度地优化配置这种战略资源的能力。战略管理的主要工作就是培植和发展企业对自身拥有的战略资源的独特的运用能力，即核心能力，而核心能力的形成需要企业不断地积累战略制定所需的各种资源，需要企业不断学习、不断创新、不断超越。

中国企业战略管理的发展与中国相关市场经济制度密不可分，形成于以市场为主导阶段的前期。在这一阶段，中国企业开始在职能战略层次上特别是在营销战略方面形成了自己的企业战略，少数优秀的企业开始在竞争战略层次上形成自己的企业战略，例如名牌战略等，但很少有企业在总体层次上形成自己的公司战略。但在中国进入"过剩经济"时代后，资源（尤其是人力资源)已不像前期那样容易获取,市场更是趋于饱和状态,这就要求企业必须寻找适当战略与策略,以建立核心能力为支点,保持持续的竞争优势。

总而言之,随着制度和运行机制的逐步完善,企业的战略决策权也逐步回归到企业,企业战略管理能力也有了很大提高,一些优秀的企业还建立了企业战略咨询委员会,听取企业外部专家的建议,保证了战略制定的科学性和有效性。这些因素都深刻地影响着中国企业战略管理的发展现状。

(二) 企业战略管理的原则

1. 适应环境原则

来自环境的影响力在很大程度上会影响企业的经营目标和发展方向。战略的制定一定要注重企业与其所处的外部环境的互动性。

2. 全程管理原则

战略是一个过程,包括战略的制定、实施、控制与评价。在这个过程中,各个阶段互为支持、互为补充,忽略其中任何一个阶段,企业战略管理都不可能成功。

3. 整体最优原则

战略管理要将企业视为一个整体来处理,要强调整体最优,而不是局部最优。战略管理不强调企业某一个局部或部门的重要性,而是通过制定企业的宗旨、目标来协调各单位、各部门的活动,使他们形成合力。

4. 全员参与原则

由于战略管理是全局性的,并且有一个制定、实施、控制和修订的全过程,所以战略管理绝不仅仅是企业领导和战略管理部门的事,在战略管理的全过程中,企业全体员工都将参与。

5. 反馈修正原则

战略管理涉及的时间跨度较大,一般在五年以上。战略的实施过程通常分为多个阶段,因此分步骤地实施整体战略。在战略实施过程中,环境因素可能会发生变化。此时,企业只有不断地跟踪反馈方能保证战略的适应性。

6. 从外往里原则

从外往里的战略就是管理者在战略制定中，将所制定的战略同顾客的偏好、竞争对手最近所采取的行动、最新的技术能力、新出现的有吸引力的市场机会以及最新出现的业务环境等外部推动因素紧密联结起来；而从里往外的战略意味着管理者将他们绝大多数的时间和精力放在公司的内部事务上，他们决定采取的战略行动往往在很大程度上由公司的内部考虑决定，所以往往不能真正反映外部市场和顾客的需求。❶

（三）企业战略管理的过程

企业战略管理的过程主要包括企业战略的制定、评价与选择、实施与控制三项内容。

1. 企业战略的制定

提出企业的战略展望和业务使命是制定企业战略的第一项任务。有效的战略制定工作开始于对企业应该做什么和不应该做什么在脑海中形成的基本观念以及企业应该去向何方的战略展望。

目标体系的建立是战略制定的第二项任务。企业的目标体系使企业的管理者做出承诺：在具体的时间框架下，达到具体的业绩目标。

确定不同层次的战略是战略制定的第三项任务。在经营过程中，战略一般可以分为三个层次。

（1）企业战略：关注整个企业的经营范围，责任在企业的管理者；

（2）竞争战略：主要涉及如何在市场中竞争，责任在业务层次的总经理；

（3）经营战略：关心企业的不同职能部门如营销、财务、生产制造、人力资源部门如何为其他各级战略服务，责任在业务单元或分公司内部主要职能活动的领导。

---

❶ 唐拥军，等. 战略管理［M］. 武汉：武汉理工大学出版社，2005：28.

2. 企业战略的评价与选择

制定战略需对企业的内外部环境进行分析。首先要分析战略方案与宏观环境、行业环境的适应性，分析战略方案对企业资源的要求，对企业目标的有效性；其次分析战略方案内部一致性；最后比较企业的战略导向目标。在竞争对手有着相似的战略或战略可以轻易被模仿时，取得领先地位的另一条途径就是以更好的战略实施打败他们。企业战略评价与选择的主要任务包括：建立一个有竞争力和资源力量的组织以成功地实施战略；建立支持战略的预算、政策、信息交流系统和奖励制度；建立一种支持战略的企业文化；发挥带动战略实施的有效领导作用（见图7-4）。

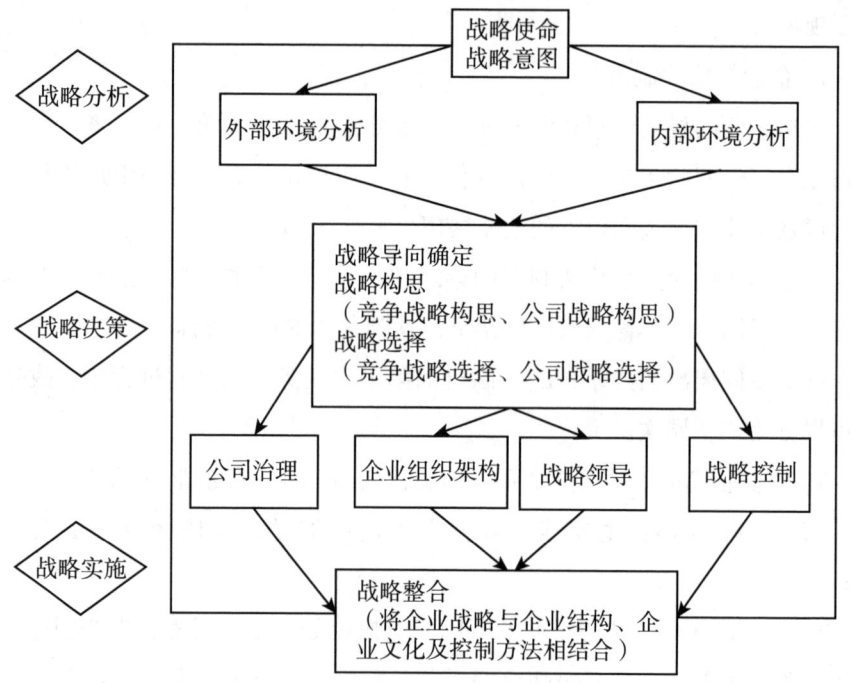

图7-4 企业战略评价与选择的过程

3. 企业战略的实施与控制

企业一旦选择了合适的战略，那么整个战略管理活动的重心就转移到了实施阶段。企业战略实施就是将战略方案付诸实施并取得结果的过程。一般说来，企业战略实施包含四个相互联系的阶段：战略发动、战略实施计划、战略运作和战略控制。在战略发动阶段，企业需要调动员工和管理人员的积极性，例如进行员工培训等。在战略实施计划阶段，企业可以通过分解战略目标的方式，使每个战略实施阶段都有相应的政策措施、部门策略以及指导方针等，确保战略计划的落实。在战略运作阶段，企业应有优秀的领导者对资源进行合理的利用和配置，并在实际执行过程中进行调整和改革，培养企业文化。在企业战略控制阶段，企业需要通过确定评价标准、评价工作成绩和采取纠偏措施，确保企业在变化的环境中适应环境的变化，完成战略任务。确定评价标准，主要用于定量分析，评价工作成绩是为了对比企业间的差距，找准企业存在的问题。采取纠偏措施，主要是为了及时发现并纠正战略偏差，确保战略目标的实施，还可能在必要时提出新目标、新计划。

▶ **思考题**

1. 企业战略的概念和特征是什么？
2. 企业战略管理的概念和特征是什么？
3. 企业战略模型包括哪些？

第二节　企业知识产权战略管理概述

▶ **开篇引入：知识型企业战略管理与企业知识产权战略管理**

在新的形势下，知识作为第一生产要素，它比数据或信息更接近行动，而且是从经验中提炼出来的，它不仅能对新环境和新事件提供一个历史的基点，能够识别出相似的模式并对未来进行预期，更为重要的是"知识同信息不一样，它是同信念和认同有关的"。这种价值观和信念与知识融为一体，很大程度上决定了人们从自己的观察中所能看到的、吸取的和总结出的东西。因此，米切尔·普拉尼将人们获取和创造新知识的过程描述为"认识的过程"。在某种意义上说，企业的战略是一种知识活动，企业战略管理本质上就成为对知识的管理。❶ 知识与企业管理之间产生密切联系，知识不仅改变了企业的经营环境，改变了企业的基本使命，也改变了对企业基本能力的看法，而知识本身日益成为企业获取和保持竞争优势、核心竞争力的决定因素。在知识产权制度的同步发展下，企业知识产权战略管理有了更重要的价值体现。

一、知识型企业与企业知识产权战略管理

知识型企业是以知识为资源配置要素，为知识创新提供网络化组织框架，主要从事知识产品生产和进行知识服务的企业类型。一个知识型企业，其核心目标聚焦于知识的创造与革新。为了实现这一目标，该企业不仅要致力于推动知识的生产和创新，而且要积极为知识的累积、流通与共享搭建平台。因此，随着知识逐渐成为企业发展的首要资源，企业组织架构也必须随之进行根本性的转型与演变，以适应这一全新的战略需求。于是，企业知识产权战略管理呈现出新的特征。

（一）系统性

诚然，要求很明确地说出哪些是企业知识产权战略管理系统的内容，是不客观的，也是不科学的。因为企业知识产权战略管理所涉及的因素目前并没有完全认识清楚，还有很多盲点。例如企业知识产权战略管理系统本身不是一个孤立的系统，是社会经济系统的子系统，社会经济系统边界的模糊性决定了其战略系统边界的模糊性。

（二）整体性

企业知识产权战略管理需要把企业作为一个整体来把握，是按照"整体大于部分之和"来考虑企业内外的相互匹配，它制约和指导着企业经营管理

---

❶ And VLBI, Duhaime IM. Strategic Chance in the Turnaround Process: Theory and Empirical Evidence [J]. Strategic Management Journal, 1997 (1): 13 – 38.

的一切具体活动。其最根本的原因是战略系统各要素的相互作用，而且这种相互作用是非单一化的。

（三）层次性

针对不同的企业知识产权战略管理层面，要有效地把整个战略组织起来，需要企业按照战略的层次的划分整合各种知识活动。

（四）开放性

企业知识产权战略管理是企业内外部知识系统的综合体，随着环境的变化而变化。战略系统不断和外界交换着物质、信息、能量，从而使战略具有了开放性。

（五）目的性

战略都有一个强烈的目标作为支撑，那就是获得持久的知识优势。企业知识产权战略管理的目标必须非常明确，并牢牢根植于企业的文化和行为中，只有这样才能真正对企业的发展起指导作用。但研究也发现，一味追求数量化的目标并非一定正确，一些模糊化的、愿景化的或者带有意图性质的战略目标对于企业来说可能更重要。因此，当前战略目标的抽象化和愿景化是战略管理的一个特点。

（六）突变性

企业知识产权战略管理受制于外部环境知识，同时又影响着环境知识，在其相互作用的过程中，环境或者企业内部知识活动的突然变化将带来巨大影响，甚至可能导致战略的终止或失效。

（七）稳定性和自组织性

在面对外部环境的不断变化时，企业需要通过在一定范围内的自我调节，保持或恢复所制定战略的有序状态、结构和功能，保证企业战略对企业发展的指导作用和约束作用，保证企业的行为始终与战略的要求保持一致。这就是说企业知识产权战略管理更多地具有自组织性的性质。

因此，企业知识产权战略管理需要在多层次、多水平的差异之中协同发展,发挥系统的整体功能。

二、企业知识产权战略管理的制定架构

企业知识产权战略管理离不开企业知识产权布局,是指企业综合产业、市场和法律等因素,对知识产权进行有机结合,涵盖企业利害相关的时间、地域、技术和产品等维度,构建严密高效的知识产权保护网,最终形成对企业有利格局的知识产权组合。企业知识产权战略管理的关键活动是知识创新,其根本目标就是为实现知识的共享与转换提供新途径,提高知识创新能力,这也是企业知识产权战略管理的核心,故其构架由此展开。

(一)战略制定(strategy formulation)

企业知识产权战略管理的系统分析,主要包括:(1)知识产权政策与法律环境分析,包括经济发达国家的知识产权战略的实施特点、对我国企业发展有重大影响的 TRIPs 协议、不能忽视的"特别 301 条款"和"337 条款"等。(2)企业面临的国内竞争环境分析,包括国内知识产权政策与法律环境分析、技术创新环境分析、经济贸易环境分析等。(3)企业技术创新能力分析。企业经营者是企业自主创新的决策者和组织者,企业自主创新的成功与否,企业决策者的自主创新意识起着关键作用。根据笔者参与的针对浙江企业的实证调查显示,一方面,企业申请和运用专利,通过知识产权激励企业自主创新的意识不断增强;另一方面,企业的创新类型大多数属于集成创新,知识产权质量有待提升,技术创新优势还不明显。企业迫切需要成为技术创新主体、加大研发投入、提升专利质量,利用知识产权战略提高企业研发效率,适应市场竞争。(4)企业知识产权管理状况的分析等。

通常较为重要的则是以战略 SWOT 分析为基础,来确定组织的知识优势、弱点与面临的机会、威胁,进而在此基础上找到组织知识的供给与需求之间的缺口,并通过对涉及战略行为过程的模拟、评价和选择而制定的战略方案(见表 7-2)。

表7-2 企业 SWOT 战略匹配矩阵与中小企业内外部环境分析后的模型选择

企业 SWOT 战略匹配矩阵		企业内部环境分析	
		优势 - S 1. 企业具有较强学习和吸收能力； 2. 企业的基础研究不断加强； 3. 专利申请量保持快速增长态势； 4. 专利技术实施率逐步提高； 5. 企业拥有大量的职务发明专利	弱势 - W 1. 专利质量有待提高； 2. 专利、商标等国外申请、注册量不高； 3. 企业的研发投入不足； 4. 生产技术和管理水平有待提高； 5. 企业知识产权管理体系不完善； 6. 知识产权综合运用能力不高
中小企业外部环境分析	机会 - O 1. 我国促进企业的创新政策不断完善； 2. 企业具有产业集聚的技术创新优势； 3. 国际贸易关税壁垒逐渐削弱	SO 战略 1. 专利技术预见，加大基础研究（S2, O1, O2）； 2. 利用企业较强的学习和吸收能力，开发差异化产品满足市场需求（S1, O1, O2）； 3. 加强对企业知识产权管理制度的建设（S4, S5, O1）	WO 战略 1. 共同研发获取知识产权（W1, W3, W6, O2, O3）； 2. 利用追随战略，改进和提高技术创新能力（W1, W2, O1, O4）； 3. 购买先进专利技术（W1, W2, O1, O4）； 4. 开展产学研合作（W1, W3, O1, O3）
	威胁 - T 1. 知识产权制度尚未完善； 2. 发达国家企业的不断进入，提高市场的竞争度； 3. 国际知识产权贸易措施对企业发展的不利影响； 4. 企业产业集聚带来的知识产权保护的不利	ST 战略 1. 加强对核心技术、商标等的知识产权保护和控制（S4, S5, T1）； 2. 与技术先进国家的企业进行技术合作（S1, S2, T2）； 3. 以高性价比产品获得市场竞争力（S2, S3, T3）； 4. 构建技术创新、市场创新、技术标准与知识产权战略的协同发展	WT 战略 1. 加强知识产权战略管理（W4, W5, T1）； 2. 利用知识产权交叉许可获取市场竞争力（W1, W2, W3, T3）； 3. 与竞争对手合作，绕开知识产权壁垒（W6, W7, T2）； 4. 寻求中介援助，积极应对知识产权贸易壁垒或贸易措施调查

（二）战略决策（strategy decision）

战略决策是战略管理所强调的独特之处，它与其他决策有所不同，应对的是整个组织的未来。战略决策为整个组织内的低层次决策和未来行为设定先例，因此，它是一个结构性的框架，通常以防御性、竞争性和运营性搭建。

（三）战略实施（strategy implementation）

战略实施是指通过将战略制定的计划，按照战略决策的框架，推向行动之中。这个过程会涉及整个企业的文化、组织结构和管理系统中某个领域或所有领域的变革。其过程包含反馈与学习过程（feedback／learning process）。也就是说，这是一系列的知识活动，需要通过组织、基础设施、人力资源、企业文化和评估控制体系来保障。以SWOT分析为例：

（1）降低新进入者的威胁。主要包括规模经济、品牌忠诚（苹果的"果粉"）、绝对成本优势（知识产权中专利、技术秘密等带来的卓越生产运营水平）、顾客转移成本和政府管制。

（2）削弱替代品的威胁。通过抑制某一产业产品的替代品，保持该产业有更多的高盈利机会（辉瑞制药）。

（3）抑制买方议价能力。可通过知识产权战略联盟形式——专利联盟（专利池）降低被许可方（专利技术买方）的议价能力。

（4）抑制供应商议价能力。例如，2000年12月，我国台湾地区的IT企业成立了第一家专利策略联盟——"E-Patents"技术联盟。与前述专利联盟不同的是，专利策略联盟主要针对的是位于产业上游的西方跨国公司（其实其重点针对对象就是西方专利池），这些跨国企业往往是少数拥有核心专利技术、占据市场支配地位的卖方。成立这种专利策略联盟最直接的目标就是共同应对上游厂商的专利收费，协调行业内企业的行动，以增强行业整体的谈判能力。

（5）减弱现有企业间的竞争，例如蔚来、理想、比亚迪、吉利、小鹏等新能源汽车对特斯拉汽车的冲击。

三、企业知识产权战略具体实施步骤

企业知识产权战略管理的三维构架明确后,其具体实施步骤基本如下:

(1) 阐明和转化企业知识产权战略。

(2) 构建企业知识产权战略管理平台。

(3) 开展企业知识产权战略的运作。

企业知识产权战略的运作包括:知识产权的归类整理、开发经营、控制保护以及管理效果的评估等,其具体运作模式如图 7-5 所示。

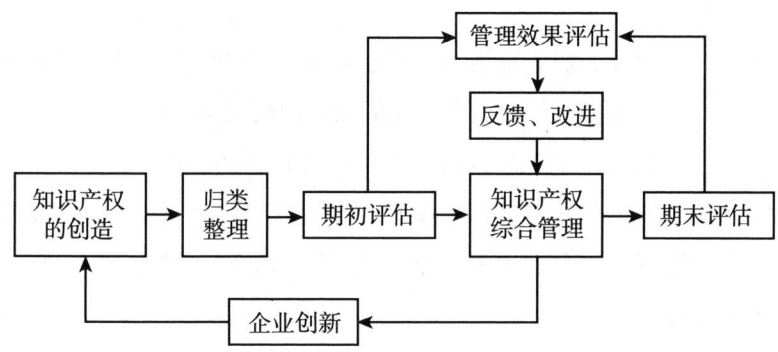

图 7-5　企业知识产权战略具体运作

(4) 评估和反馈企业知识产权战略。

有效实施知识产权战略,更重要的是建立一套管理效果的评价体系,评价体系指标设置如表 7-3 所示。

表 7-3　企业知识产权战略评价指标

知识产权项目	价值的粗略评估	重要性	保护状况	开发经营情况	注册情况	管理的经济效用
专利 1						
专利 2						
商标 1						
……						

▶ 思考题

1. 企业知识产权战略管理的特征是什么?
2. 如何进行企业知识产权战略管理的顶层设计?

第三节 企业知识产权战略管理的实施与调整

一、影响企业知识产权战略管理的四大因素

企业应该从所处的产业特征、技术创新能力、知识产权价值和知识产权管理水平四个维度出发,选择适合企业的知识产权战略。

(1) 对企业构筑知识产权战略模式有影响的产业特征维度因素。

(2) 对企业构筑知识产权战略模式有影响的企业技术创新能力维度的因素,包括企业创新设计能力指标、企业研究开发能力指标、企业制造能力、企业创新产出能力。

企业技术创新能力的初步评价指标如表7-4所示,在比较同行业或同产业内的相关企业技术创新能力差异的基础上,选择适合企业的知识产权策略。

(3) 对企业构筑知识产权战略模式有影响的知识产权价值维度的因素,主要包括专利价值、商标价值。

(4) 对企业构筑知识产权战略模式有影响的知识产权管理水平因素。

表7-4 企业技术创新能力初步评价指标

	一级指标	二级指标
企业技术创新能力指标	设计能力	人员投入强度
		技术开发投入
	研究开发能力	研究开发总费用、产品销售总收入
		研究开发成功率
		专利和专有技术拥有数量

续表

企业技术创新能力指标	制造能力	设备水平先进程度
		现代制造技术采用率
		新产品销售份额
	创新产出能力	新产品销售收入总占有率
		新产品销售利润率
		新产品市场占有率

二、开放式创新背景与构建企业知识产权战略管理的协同发展模式

在开放式创新背景下，面对企业集聚化发展和国际化趋势，知识产权战略必须与企业技术创新战略、企业市场创新战略和企业标准战略紧密结合、协同发展，通过构建知识产权战略管理的协同发展模式，逐步适应新形势的发展要求，将知识产权优势真正转化为创新主体的竞争优势。

（一）与技术创新的协同

知识产权为技术创新活动提供了制度保障，使得创新主体既可以生产有形商品获得高额利润，又可以通过无形商品进入市场，并采取知识产权转让方式获得高额投资回报率，从而增强了再创新的积极性，形成技术创新的良性循环机制（见图7-6）。

1. 研究开发过程中知识产权战略的运用

企业技术研发计划的制定，需要将技术创新战略与知识产权战略紧密地结合起来。企业可以通过专利情报、专利文献检索、专利技术跟踪、技术预测和专利申请策略的实施来实现以下功能：

（1）确定主要技术领域的主要竞争对手、专利技术特点、专利市场占有情况及其对该领域未来发展的影响；

（2）立足于信息源和参照源，寻找具备企业专利标准和要求的技术或产品资源，为企业出口和在海外发展业务提供决策依据；

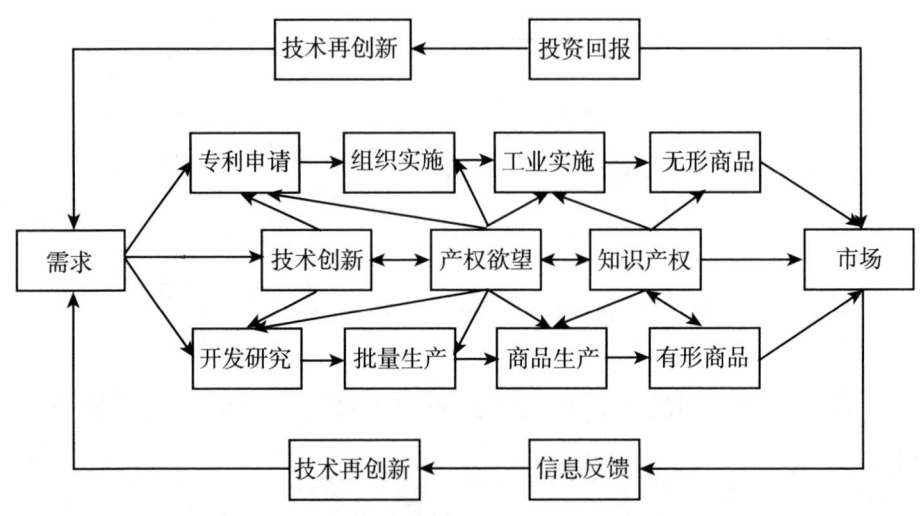

图 7-6 技术再创新的良性循环机制

（3）在坚持自主研发的基础之上，追踪借鉴国际最先进技术，寻找占领市场的技术方案，以获得竞争优势；

（4）通过专利等知识产权保护，寻找企业跨行业发展契机，使产品市场细分化得到有效支持。

2. 技术产业化过程中知识产权战略的运用

在技术研发完成，准备投入生产和开展产业化过程时，知识产权战略的重心是对取得的成果及时进行相应的知识产权评价，对符合专利性的技术创新成果及时申请获得专利保护。

在技术产业化过程中，还要关注研发平台中的知识产权战略的运用。

3. 技术商业化过程中知识产权战略的运用

在技术成果推向市场的过程中，企业的知识产权战略运用的重点是知识产权的保护和运营。企业可以通过实施专利技术、转让专利技术等方式实现专利技术的市场化和商业化。其中知识产权战略与技术转让战略相结合是非常重要的。

（二）案例反思：柯达之殇

专利中所蕴藏的信息是竞争情报的重要来源，它能为公司的研发和并购项目指引方向，以免不慎陷入专利侵权诉讼和尽职调查的泥坑。在未能有效利用专利信息来降低风险的例子中，最著名的就是宝丽来公司（Polaroid）与伊士曼·柯达公司（Eastman Kodak）之间在一次性成像业务上爆发的那场专利大战。宝丽来公司的规模要比柯达公司小得多，但它仍然孜孜不倦地为其高速增长的一次性成像业务竖起了一道"专利警告牌"，而柯达公司对此却熟视无睹。

1975 年，柯达公司推出了一系列一次性成像相机和胶卷产品，许多人——包括宝丽来公司的主要高管——都认为该产品与宝丽来公司的技术有太多相似之处。由此引发的专利诉讼案最终在 1990 年结案，法院判定柯达公司确实侵犯了宝丽来公司的专利权。柯达公司为这一错误的专利战略总共付出了多大代价呢？根据判决，柯达公司必须向宝丽来公司支付高达 9.25 亿美元的赔偿金。同时柯达公司还被迫关闭价值 15 亿美元的工厂，裁员 700 人，并花费近 5 亿美元召回其在 1976—1985 年向消费者出售的 1600 万部一次性成像相机。此外，为了支撑长达 14 年的诉讼大战，柯达公司还支付了 1 亿美元的法律费用，而且 10 年的研发投入最终也只能作为损失列入账目。由此可见，企业若在研发工作中未能尽最大努力防范侵权问题，那么这种在知识产权管理上的疏忽就好比是在地震断层之上建造工厂。

▶ 思考题

1. 企业战略与企业知识产权管理战略之间有什么实质性关系？
2. 开放式创新背景与构建企业知识产权战略管理的协同发展模式有哪些？
3. 柯达之殇对企业知识产权管理战略实施步骤有何启发？

第八章 企业知识产权创造战略管理

教学目标：

1. 把握知识产权创造与知识产权战略管理的关系；
2. 把握文化类企业知识产权创造战略管理的重点影响因素；
3. 把握技术类企业知识产权创造战略管理的重点影响因素；
4. 把握品牌类企业知识产权创造战略管理的重点影响因素。

知识产权创造是企业知识产权战略管理的源头，有价值的知识产权才能给企业带来长久的生命力，注入活力。在本章所涉及的知识产权管理对象层面，因著作权及邻接权、商业秘密、专利、老字号和商标等具有共性，在国家知识产权战略的指引与参考下，故将其分为文化类、科技类和品牌类进行讲解。

▶ **开篇引入："非遗"文化塑造——米哈游的企业版权管理战略**

近年来，全球游戏行业的蓬勃发展，使游戏从娱乐方式逐渐演变为一种商业生态系统，并成为当今世界最具潜力和活力的产业之一。而随着技术推动和消费者需求增加，电子竞技等多种游戏模式征服着全球玩家。据《2023年全球游戏市场报告》显示，2022年全球游戏市场规模达到了1.6万亿美元，同比增长11.8%，其中，中国成为全球最大的游戏市场，占据全球游戏市场总收入的28%，而北美、欧洲和日本等国家和地区也保持着较高的增长率。❶

---

❶ 全球游戏业现状及未来趋势 [EB/OL]. (2023-05-22) [2023-10-23]. https://www.sdjnez.com/zixun/16046.html.

在我国游戏市场百花齐放的背景下，以《原神》为主打游戏的米哈游公司脱颖而出，不仅占据了国内市场，还打开了国际市场。相关数据显示，截至2022年8月，《原神》在 App Store 和 Google Play 商店的全球累计收入已经突破36亿美元，合计约260亿元人民币，同期，《原神》手游端在日本的收入仅次于中国，占比24%。❶那么，在游戏竞争市场如此多元化且竞争激烈的现在，为何《原神》能够脱颖而出，并且享誉海外市场？

从《原神》游戏版本的演进之路来看，无论是2023年春节期间推出的3.4版本"磐弦奏华夜"，还是同年1月推出的《流光拾遗之旅》木版年画非遗纪录片，抑或《百鬼夜行志》等多部版本作品，均与我国传统"非物质文化遗产"密切相关。例如，在"磐弦奏华夜"中所用到的非遗技艺，是国家级非物质文化遗产代表性项目杨家埠木版年画省级传承人杨乃东，利用22块木板，将《原神》璃月地区"五夜叉"的画面刻印成了一幅色彩丰富、飘逸动感的木版年画作品，这幅五夜叉年画一共使用了22种颜色，每种颜色都需要单独雕刻色版，总共需印刷22次才能完成一幅作品。❷与此同时，《原神》的主创团队表示，"未来我们还会寻访非遗传承人，记录精妙的非遗技艺，展现传统文化的魅力"❸。

其实，米哈游公司的成立时间并不长，爱企查查询显示，米哈游公司于2011年在上海成立，主打人工智能技术、云计算等以前沿技术支撑的文创企业。在不断进行技术创新的同时，还融入了中国文化，并运用中国元素的独特风貌吸引全球玩家，玩家在体验游戏趣味性的同时，还能了解中国民间文化的背景和发展历程。这不仅符合国家文化输出的背景战略，还增强了企业的综合竞争实力，走出了自己的企业发展周期。

---

❶ 游戏大观．报告显示《原神》累计收入超250亿元，下载量破亿［EB/OL］．(2022 – 09 – 22)［2023 – 12 – 26］．http: // www. gamelook. com. cn/2022/09/498128.

❷ 传统文化创新表达，《原神》推出非遗新项目、皮影戏风格新玩法［EB/OL］．(2023 – 01 – 29)［2023 – 12 – 26］．https: // cn. chinadaily. com. cn/a/202301/29/WS63d610e0a3102ada8b22cdc8. html.

❸ 米哈游用非遗的形式展现中国传统文化，推动文化出口［EB/OL］．(2023 – 06 – 09)［2023 – 12 – 26］．https: // new. qq. com/rain/a/20230609A02HOM00. html.

第一节　文化类企业知识产权创造战略管理

前文已述，文化与知识产权的关系并非单纯指著作权与文化，同时涉及传统文化表现形式或传统知识，且当现行知识产权制度无法很好地为所有形式的传统知识提供一定保护的情况下，在对文化类的知识产权创造时，需要进行一定的布局和制定长远目标。

一、特色与单一：成功与失败

（一）"古镇"争相打造，却相继死亡

特色小镇是在块状经济和县域经济基础上发展而来的创新经济模式，是高端产业发展、高级人才聚集的重要创意空间。特色小镇大致分为十类，包括历史文化型小镇、城郊休闲小镇、新型产业型小镇、特色产业型小镇、交通区域型小镇、资源禀赋型小镇、生态旅游型小镇、高端制造型小镇、金融创新型小镇和时尚创意型小镇。

文旅古镇属于历史文化型小镇，按照常理，依托当地特有历史文化、民俗风情以及自然景观发展而来的文旅古镇本应是发展特色旅游的最佳样本。然而，文旅古镇竟成了"死亡名单"中的重灾区！在"特色小镇死亡名单"中，历史文化型的文旅古镇占比最大，"死亡率"最高，龙潭水乡古镇、白鹿原、蒲城重泉古镇等均属其列。

位于名单首位的龙潭水乡古镇便是重灾区典型之一。龙潭水乡定位为成都的"清明上河图"，耗资20亿元，历时四年打造完成，其建设风格融江南水乡和川西民居为一体，是集精品酒店、商务会所、购物、餐饮、休闲、娱乐、旅游为一体的复合业态商业街区。然而，龙潭水乡虽号称"清明上河园"（北方宋代民俗风情），却看不到任何与之相关的内容，真正的文化灵魂难觅其踪。文化上的混乱、业态上的空白，再加上开发商纠纷不断，终使龙潭水乡成为停留在纸上的"清明上河图"。运营四年后，最初招商的50多户

商家几近全部关门，这个曾经被冠以"成都清明上河图""成都周庄"头衔的古镇，沦为一座"空城"。

无独有偶，投资3.5亿元的陕西白鹿原景区也遭遇了同样的命运。2016年5月1日，白鹿原民俗村开业，当天接待游客量近12万人次。2017年，随着电视剧《白鹿原》的热播，白鹿原这一独具西安记忆的文化IP受到资本热捧，短短数年间，仅仅200多平方公里的白鹿原上便分布了白鹿仓景区、白鹿原生态文化观光园、白鹿原影视城、白鹿原民俗村、簸箕掌民俗村5家以"白鹿原"为主题的特色文化旅游项目。

这些项目都将白鹿原文化作为卖点，古建风貌、景区文化元素等方面都具有较强的雷同性，主营业务都以"陕西小吃"为主。日益白热化的竞争致使IP过度利用、同质化严重，再加上定位不准及营销单一，使得"白鹿原"IP丧失了原有的品牌号召力，不仅造成巨大的商业浪费，文化资源也因过度开发丧失了其原有的生命力。

此外，其他古镇旅游运营状况也不容乐观，比如咸阳东黄古镇、宜昌龙泉铺古镇、常州杨桥古镇、神木高家堡古镇……这些古镇要么已经破产，要么入不敷出。同质化严重、过度商业化、产品单一是当前阻碍文旅古镇发展的"三座大山"。经典文化古镇的广泛复制致使"千镇一面"，弱化了文旅古镇的原生吸引力；资本的逐利性打乱了文化古镇建设发展的正常的生命周期，同时也打破了古镇应有的古朴气息，降低了游客的消费体验；对古镇文化资源的挖掘和整合深度不足"扼杀"了打造新消费的可能，也阻滞了参与体验型产品的创新开发。

（二）上海：非遗融入古镇，文创与商业接轨[1]

2020年11月6日，"美好生活·更新之场"新场古镇文创设计大赛颁奖仪式暨成果展，在上海浦东新场古镇四库书房正式拉开帷幕。大赛期间，多位设计师、插画家受邀近距离感受新场古镇。从观音兜、马头墙到古银杏、

---

[1] 李菁. 上海的文化创意古镇：在古宅中融入现代都市故事［EB/OL］.（2017-04-25）［2023-12-26］. https://www.thepaper.cn/newsDetail_forward_1668601.

新凤蜜露桃，千年盐都、桃源水乡的安逸舒适深深地刺激着设计师们的创作热情。历经千年变迁，如今的新场镇位于上海浦东，其古镇保护区面积为1.48平方公里，已获得"中国历史文化名镇"和"中国民间文化艺术之乡"称号。事实上，不仅是新场古镇，近年来，在上海全市范围内，上海文化创意产业载体建设加快，全市已有128家各具特色的市级文化创意产业园区。

第一个最具创意的则是在古宅中融入现代都市故事的老宅。为了把古镇的文化遗产融合进老宅的参观线路里，则以老宅主人郑冬的形象塑造贯穿始终。以古镇街头巷尾的"土布"所代表的手工棉纺织技艺为例，郑冬学习了这门技艺，于是，老宅中便摆设了土布作品和纺织工具，从而和谐地融入这项名为浦东老土布纺织技艺的非物质文化遗产。与此同时，老宅中还设置了一个专门的"市民布艺展"，其中包括土布背包、钥匙扣、枕套、桌垫、动物摆设等日常用品的土布作品展示。于是，传统的土布技艺加入现代生活元素之后，其设计产品兼具实用性、美观性和历史文化内涵，重新焕发了生机。

第二个则是将文创产品融入商业。首先，老宅主人喜欢佩戴丝巾，于是新场古镇和上海自贸试验区国际艺术品交易中心共同合作，设计出与国家博物馆的文物结合的"文创中国"丝巾，既美观又可以商业售卖，从而形成特色产业。其次，老宅新旧文化的交汇融合，为许多电影拍摄提供了取景地，从而实现电影产业和地方旅游业发展的"双赢"。

在传承历史的同时，新场镇注重开拓文化创意的版权产业，将文化遗产与现代生活相结合，文化传承与旅游业、商业发展相融合，这种以古镇的保护和开发为核心，打造出的古色古香文创小镇，要比具有同质化的古镇发展前景较好。

二、文化类企业知识产权创造管理的因素分析

总体而言，文化类企业知识产权创造管理的因素需要进行全方位分析。

（一）宏观环境 PEST 分析

1. 政策法律环境分析

政策法律环境的分析，能够帮助企业依据国内外文化产业的战略地位与

战略目标，对标企业文化类创造的内容是否具有长远价值。

（1）国内对该类文化产业的关注度与监管力度是否加强。例如，近年来国家对网络平台的监管日益增强，尤其是国家一系列政策和法律法规的出台，让网络平台履行不当言论的"审核义务"，导致网络平台具有较大的运营压力和获取利益的难度。如 2016 年《互联网广告管理暂行办法》、2017 年《关于严格规范网络游戏市场管理的意见》、2019 年《国务院办公厅关于促进平台经济规范健康发展的指导意见》、2022 年《互联网信息服务算法推荐管理规定》等。

（2）是否对其保护力度增强，并预估其在国家政策的指引下有哪些优惠措施和扶植政策。例如，2018 年出台的《"互联网+"知识产权保护工作方案》，2020 年实施的《国家级非物质文化遗产代表性传承人认定与管理办法》，2022 年中共中央办公厅、国务院办公厅印发的《"十四五"文化发展规划》等，均对文化产业的内容与版权保护作出了指导性的指示。

2. 社会文化经济发展分析

2022 年，我国文化产业实现营业收入 165 502 亿元，比上年增加 1698 亿元，增长 1.0%，随着国家文化数字化战略的深入实施，以数字化、网络化、智能化为主要特征的文化新业态行业快速发展，文化消费终端生产、文化投资运营、内容创作生产三个行业大类固定资产投资增速超过两位数，分别为28.3%、18.6% 和 11.0%。❶ 可见，在以文化创作为核心的产业中，社会文化经济发展较为祥和，且具有良好势头。

因此，在文化产业的发展中，通过外部环境的分析，找准文化创造的初始定位有助于企业知识产权战略管理建立良好开端。

（二）内部环境分析

全面审视、透彻分析企业的内部环境，有利于企业明晰自己在行业竞争中的优势与不足，从扬长避短的角度指导战略制定。可见，企业内部环境分

---

❶ 2022 年我国文化产业营业收入同比增长 1%［N］. 各界导报，2023-06-30（1）.

析在企业战略研究领域占据重要地位。因此，在创造初期对企业文化战略管理进行内部环境分析是必要的。

一般而言，内部环境分析通常用到前文已经讲解的波特五力模型。在这里，若其满足以下五类情形，则表明可以放弃该文化创造：

（1）行业进入壁垒低，每个新进入者都很容易获得立足；

（2）替代产品很容易出现，竞争激烈；

（3）行业内对手多，竞争激烈残酷，退出壁垒高；

（4）供应商对本行业十分重要，可替代性低，议价能力强；

（5）客户集中度高，话语权重，议价能力强。

若进入门槛较高、产品在市场上没有可替代品，行业内的对手竞争也不强，供应商等供给成本较低，则可以考虑该文化产业的创造与研发。比如，"特色小镇"的打造，并非趋同化地统一为"古镇"，而是应根据本地的地理样貌、地理文化环境等进行"打造"。

（三）SWOT 分析

进行文化创作前，还可以通过 SWOT 分析方式进行分析。下面将通过网易云音乐的 SWOT 矩阵（见表 8-1）进行分析。

可见，若以有助于"网易云音乐"版权管理战略发展，则可采用"WO"扭转型战略，提出差异化发展战略，加强与其他唱片公司的版权合作以及完善"网易云音乐"App 线上线下整合发展，专注于完善自身数字音乐生态圈建设。

表 8-1　网易云音乐 SWOT 矩阵分析

内外部环境	优势（S）	劣势（W）
	S1 用户满意度高； S2 原创歌曲资源丰富； S3 音乐社区互动氛围好	W1 音乐版权争夺落后； W2 用户付费意识不足； W3 线上线下整合营销发展缓慢

续表

机会（O）	SO 战略（增长型战略）	WO（扭转型战略）
O1 国家政策支持； O2 原创音乐试产潜力巨大； O3 海外市场发展空间大	1. 丰富自身歌曲库，提升用户满意度； 2. 借助版权合作扩张海外市场份额； 3. 扶持独立音乐人，加强音乐社区互动	1. 与其他唱片公司达成版权合作协议，取得双赢； 2. 增强用户版权付费意识； 3. 完善平台线上线下整合营销建设
威胁（T）	ST 战略（多种营销战略）	WT 战略（防御型战略）
T1 其他数字音乐服务平台的威胁； T2 歌曲监管力度不足，原创音乐质量参差不齐	1. 与其他平台合作，获取版权合作机会； 2. 增强用户隐私安全监管力度； 3. 提高作品上传质量标准，提升用户满意度	1. 保持自身现有在数字音乐产业中的地位，稳固自身所具有的优势； 2. 实施稳定战略，保留住现有用户群体； 3. 高薪挽留企业核心人才

▶ **思考题**

1. 企业文化和国家文化是否应该持续融合？
2. 文化类企业知识产权创造管理的过程中如何具有全球化思维？可用哪种模型分析？

第二节　技术类企业知识产权创造战略管理

技术类的企业知识产权战略管理，通常以专利或者商业秘密的布局展开，其意味着企业综合产业、市场和法律等因素，对专利或者商业秘密进行有机结合，涵盖企业利害相关的时间、地域、技术和产品等维度，构建严密的专利或者商业秘密保护网，从而形成对企业有利格局的专利或者商业秘密组合。因此，技术类企业与文化类企业不同，其市场价值在于技术的不断变革，对于技术类的知识产权创造，更为重要的是掌握企业自身技术现状、行业现状，而这一信息的掌握离不开现有专利文献的检索。

一、小米公司的专利掌握

企业初创期往往缺乏资金、人员、技术等，该阶段企业的主要目标是将有限资源投入最基础、最核心的技术领域，并在关键技术、核心技术上进行单点式专利布局，打好专利地基。

以小米公司为例，小米公司是一家专注智能硬件和产品研发的移动互联网公司，2018年在香港主板成功上市。作为拥有原创技术、核心专利以及核心器件研发能力的上市公司，小米公司在智能硬件领域积累了诸多专利，如图8-1所示。

图8-1 小米公司智能硬件领域专利分布

由小米公司专利布局脉络图不难看出，小米公司在成立之初并不急于进行全领域专利布局，而是围绕以电数字数据处理、数字信息传输、无线通信网络等与智能硬件和软件关系较为密切的核心、关键领域展开。由于小米公司具有良好的专利保护意识，进行了比较完善的全球专利布局，才大大提升了企业在国际市场的竞争力，为其在香港主板上市奠定基础。为在未来的商业竞争中更有机会获得优势地位，小米公司还将通过上市融资进一步加强专利研发投入。

对初创企业来说，核心技术、关键技术是企业赖以生存的根基，所以初创企业进行专利布局的首要任务就是找准核心技术、关键技术，并以此为基础进行专利挖掘、专利布局，在短时期内提升企业知识产权实力和竞争力，为企业融资、扩大业务范围打下坚实基础。小米公司的专利布局经验和策略，离不开专利文献的掌握。

二、专利文献的价值

在技术创造伊始，专利文献的重要性不言而喻。作为报道最新发明最快的信息来源，专利文献可被誉为世界上最精确、最严密的追溯性资料文献。据统计，世界上每年发明创造的 90%～95% 可在专利文献中查出，而在其他技术文献中反映出的只有 5%～10%。❶ 2023 年，国家知识产权局智能化专利检索及分析系统正式上线运行，该系统共收录了 105 个国家、地区和组织的专利数据。且中国专利数据每周二和周五更新，滞后公开日 3 天；国外专利数据每周三更新；引文数据每月更新；同族数据每周二更新；法律状态数据每周二更新。❷ 可以说专利文献对技术的公开程度是其他科技文献所难以比拟的。

对于技术类的知识产权而言，企业对技术的研发具有高投入、高风险和难操作特点，在创造之初需要对研发产品进行目标选择和风险规避，防止市场竞争中同类型的技术产品过多，或者研发产品目前可能涉及专利侵权等不良后果。因此，专利文献的价值主要可以明确分为以下三点：

（1）专利文献有助于企业确定技术产品研发的起点。专利文献不仅是传递技术研发最新消息的信息源，更是指出了相关技术的经济未来走向和法律

---

❶ 国家知识产权局专利局专利文献部．专利文献的应用［EB/OL］．［2024-03-28］．https：//www.cnipa.gov.cn/transfer/pub/old/wxfw/zlwxxxggfw/zxpx/sjczjnpx/aqc/201406/P020140624538428165564.pdf．

❷ 国家知识产权局专利检索及分析系统介绍（一）概览［EB/OL］．（2023-02-13）［2024-04-29］．https：//www.cnipa.gov.cn/art/2023/2/13/art_3166_182074.html．

保护的可能发展趋势。利用专利文献的检索结果，可以有助于企业确定技术研发的起点的高低，避免低水平且市场饱和的技术重复研发。

（2）专利文献有助于企业确定创新高度。在技术迭代迅速的当下，企业的创新高度将有助于企业在未来的市场占据一定的竞争实力。例如，ChatGPT的更新和迭代速度，可能对小微企业而言，不做技术研发可能更为合适，而对于专业研究的团队而言，如何优化且设计出更具应用价值的人工智能程序，才是其技术类创造创新高度的考量。

（3）专利文献可以**防止企业重复研发**，避免造成资源的浪费。据权威机构调查统计，企业在技术研发中能有效地利用专利信息，可以缩短60%的时间，节省40%的资金。❶ 对专利文献的利用可以防止企业重复研发而造成巨大的人力、财力、物力的浪费和损失。

三、专利文献检索在企业创造管理中的应用策略

（一）支撑技术研发"高新"策略

企业若要以技术作为市场核心竞争力，就要有"高新"的技术研发产品。在新技术不断涌现的知识经济中，企业面对新技术的冲击，若想占领市场地位，就必须具有独特的创新思路，这种"高新"的技术产品意味着：一是提高技术的起点，走技术进步之路。企业可以利用已有专利文献中的技术优势，针对重大技术，加速创新技术开发形成自主的知识产权，逐步形成具有市场竞争力的专利产品。二是自主创新技术产品，走技术创新之路。企业要摆脱仿制他人专利文献中所载技术的思维方式，充分剖析现有技术的缺陷，避开现有技术的研究思路，提出全新的技术方案。

（二）支撑技术研发"小而新"策略

一谈到技术的研发，就会误认为技术创新迈进的是高科技领域，且是

---

❶ 王亚利，龚跃鹏. 专利信息助力专精特新中小企业的实践与政策［EB/OL］.（2021-10-12）［2024-04-29］. https://idei.nju.edu.cn/45/4a/c26392a542026/page.htm.

"尖端"科技,因此就会要求企业持续不断地在技术研发中实现高新技术、尖端技术、重大技术革新。但是,在市场技术的创新中,并非前沿、尖端的技术才是创新,能够增进人类福祉的小发明、小创造也同样是创新,这种"小而新"的技术研发存在于技术产品的每一个细节之中。例如,日本松下电器的创始人对插座的改变,不断地改善电器的插座,这样"小而新"的创造给松下电器带来了成功。因此,"小而新"战略在于:一是剖析现有市场技术产品的细节。这一细节部分需要通过专利文献检索加以支撑,从而把控技术中"小"的新改变。二是剖析现有市场和潜在市场需求。这可在专利文献检索的支撑下,对其可能产生的替代性需求进行分析,从而进行"新"的小发明。

(三) 支撑技术研发中"反向工程"策略

反向工程是指通过对从公开渠道取得的产品进行拆卸、测绘、分析等技术手段而获得该产品有关技术信息的方法。需要指出的是,反向工程破解的是他人的技术秘密或商业秘密,而不是专利。在反向工程的实施过程中,需要一定的技术支持,比如技术感知能力、技术分析能力、技术还原能力,其中企业技术能力是其成功的核心和关键,这一点可以通过专利文献加以反映。

一是通过专利文献可以对可能是商业秘密或技术秘密的技术产品迅速甄别,抓住反向工程最佳启动时机。二是通过专利文献对可能具有同质化或同类化的技术进行破译,从而打开技术黑箱。三是通过专利文献的检索结果可以不断学习新的技术知识,并将其进行实践应用,同时为反向工程提供一定的技术基础。

(四) 支撑技术研发"逆向思维"开发策略

"逆向思维"开发策略,即通过改变人们固定思维模式,以全新的方式和切入点,开发技术产品,通常指"反其道而行之"的研发思路。例如,"司马光砸缸"的一种思维方式,即常规模式应当是救人,而司马光采取砸缸的逆向思维。其实,逆向思维并非指完全对立的方式,而是在解决相应技术难题时,以变通性的反向方式进行,发现用户真正的需求和痛点,从而设计出更加符合市场需求的产品。

▶ 案例1：电磁感应定律的产生

1820年，丹麦哥本哈根大学物理教授奥斯特，通过多次实验发现电流的磁效应。这一发现吸引了许多人参加电磁学的研究。英国物理学家法拉第怀着极大的兴趣重复了奥斯特的实验。果然，只要导线通上电流，导线附近的磁针会立即发生偏转，他深深地被这种奇异现象所吸引。当时，德国古典哲学中的辩证思想已传入英国，法拉第受其影响，认为电和磁之间必然存在联系并且能相互转化。他想既然电能产生磁场，那么磁场也能产生电。为了实现这种设想，他从1821年开始做磁产生电的实验。无数次实验都失败了，但他坚信，从反向思考问题的方法是正确的，并继续坚持这一思维方式。十年后，法拉第设计了一种新的实验，他把一块条形磁铁插入一支缠着导线的空心圆筒里，结果导线两端连接的电流计上的指针发生了微弱的转动，电流产生了！随后，他又设计了各种各样的实验，如两个线圈相对运动。磁作用力的变化同样也能产生电流。法拉第十年不懈的努力并没有白费。1831年他提出了著名的电磁感应定律，并根据这一定律发明了世界上第一台发电装置。如今，他的定律仍深刻地改变着人们的生活。法拉第成功地发现电磁感应定律，是运用逆向思维方法的一次重大胜利。

▶ 案例2：反向伞的设计

反方向雨伞，名为KAZbrella，由英国KAZ Designs团队设计，它利用反方向收伞的设计，减少收伞时所需空间，同时确保伞上雨水不会溅到身上。2015年5月，这项产品进行网上集资，预计在年底前正式投产。该设计团队原本计划集资2.5万英镑（约24万元人民币），但产品设计公开后大受欢迎，截至2015年5月25日，已筹得超过15万英镑（约144万元人民币）。

在该策略中，企业可以通过专利文献检索，对这些"逆向思维"的技术研发进行预估，确定是否能够找到更加创新和有效的解决方案，在技术创新方面实现更广泛的应用场景。

（五）支撑技术研发"类比式"策略

"类比式"策略，是指将某一领域的原理、方法或技术等移植到另一领域，从而形成新事物的方法。在技术领域，企业"类比式"策略通常是以一种举一反三的方式，触类旁通地开发新产品，且主要包括三种类推：一是原理类推，比如电瓶车和电动汽车之间的关系；二是技术工艺的类推，比如空调和电冰箱的类推；三是原材料的类推，比如天然高分子壳聚糖可以制备出具有抗菌和护肤功能的壳聚糖基新材料，通过与其他功能性助剂的复配以及与高分子吸水材料的组装技术，实现新型多功能抗菌、护肤纸尿裤的工业化生产。

（六）支撑"再次开发"战略

专利再次开发，是指对已有技术在消化吸收基础上的专利技术再创新，从而形成企业具有市场前景的具有自主知识产权的高新技术产品。其与"反向工程"不同，与企业研究"小而新""高新"的战略亦不同。

（1）企业可以通过对专利文献的检索，形成"专利查新报告"作为专利二次开发的依据。其中可对基础专利来源、基础专利技术要点、开发项目技术要点、文献检索范围及检索策略、检索结果和查新结论等内容进行重点分析。

（2）避免专利侵权。再次开发一般可选择目前国内外比较先进的已公开专利，利用其原理和思路，开发出在材质、结构、功能、工艺等方面比原有专利更先进的创新技术及产品，同时又可避开相应专利的侵权问题。

可见，专利文献检索有助于技术类企业在选择可供开发的策略时，针对企业自身的技术优势、定位和发展前景，在结合前文对文化类企业的分析方法之上，对企业进行准确定位。

▶ **思考题**

1. 专利文献检索的重要性是否仅对专利创造的初始阶段有效？
2. 在专利文献分析过程中，文献检索技能应该如何全过程服务专利创造？

知识产权管理 >>>

第三节 品牌类企业知识产权创造战略管理

习近平总书记高度重视中国品牌建设，明确要求"推动中国产品向中国品牌转变"，为品牌强国建设指明了努力方向、提供了根本遵循。党的十八大以来，得益于我国经济稳中向好、长期向好的基本面，得益于良好的政策环境、法治环境、营商环境，中国品牌满怀信心、勇立潮头，立足中国、放眼世界，从供给侧和需求侧两端发力，向着创百年企业、树一流品牌的目标阔步前进，为我国经济高质量发展注入澎湃动力。中国品牌所彰显出的活力、自信，正是中国经济持续稳定健康发展的底气所在、信心所在。为品牌发展营造良好环境，带动中国品牌产品再优化、服务再提升、品质再升级，进而走出国门、走向世界，成为世界品牌、世界名牌，离不开包括媒体在内的社会各界共同努力。近年来，《人民日报》等中央新闻媒体，充分发挥舆论引导作用，讲好品牌故事、展示品牌成果，积极发挥桥梁纽带作用，搭建对话平台、凝聚思想共识，推动全社会形成支持品牌、关爱品牌的浓厚氛围。

因此，如何创造出一个好的品牌，决定申请什么样的商标，是前期商标创造战略管理中首先要考虑的一个问题。

▶【开篇引入】"MLGB"申请注册被驳回❶

2010年12月15日，上海俊客贸易有限公司向商标局递交了"MLGB"商标的申请，申请类别为25类服装、婚纱、鞋、帽、袜、领带、围巾、皮带（服饰用）、运动衫、婴儿全套衣商品上。2011年12月28日，"MLGB"商标被核准注册，有效期至2021年12月27日。2015年10月9日，第三人姚某向商标评审委员会发起了对"MLGB"商标的无效宣告申请。2016年11月9日，商标评审委员会对"MLGB"商标作出了无效宣告决定。随后，上海俊

---

❶ 北京市高级人民法院（2018）京行终137号行政判决书。

客贸易有限公司不服该裁定,向北京知识产权法院提起诉讼。2017年11月30日,北京知识产权法院判决驳回原告的诉讼请求。随后,上海俊客贸易有限公司不服该裁定,向北京市高级人民法院提起诉讼。2019年2月3日,北京市高级人民法院判决驳回原告的诉讼请求,维持原判。

该案的争议焦点在于"MLGB"是否具有社会不良影响。商标局认为,"MLGB"的字母组合在网络等社交平台广泛使用,有不文明用语的含义,该含义消极,格调不高,用作商标有害于社会主义道德风尚,易产生不良影响,被申请人称争议商标意指"My Life's Grtting Better"。但最终法院认为,在网络环境下已经存在特定群体对"MLGB"指代为具有不良影响含义的情形下,为了积极净化网络环境、引导青年一代树立积极向上的主流文化和价值观,制止以擦边球方式迎合"三俗"行为,发挥司法对主流文化意识传承和价值观引导的职责作用,应认定争议商标本身存在含义消极、格调不高的情形。

该案的启示在于,在商标申请之前,对品牌创造的因素应当加以仔细考量,避免追寻网络流行词汇,而导致词语本身具有不良影响的情况下,商标被注销。同时,还要注意地域文化的差异性,防止在国内国外之间文化差异导致品牌本身产生歧义,不利于品牌的发展,也不利于品牌战略的实施。

一、品牌创造与品牌创新

品牌创新是指随着企业经营环境的变化和消费者需求的变化,品牌的内涵和表现形式也要不断变化发展。纵观世界知名品牌,就是不断进行品牌和产品创新,品牌创新使企业在发展受阻时可以寻求更大的发展空间。

品牌创新能力是怎样进行动态演示的呢?一是"看着后视镜开车"的能力,即看那些优秀组织和管理者已经做了些什么;二是对未来进行前瞻的能力,即要能够预测一些可能发生的变革的能力。因此,一个企业需要对品牌长久发展和长久管理进行决策。

在建立品牌之前主要包括以下创新品牌的基础因素:

(1)明确创新品牌的用途。这就意味需要将品牌的支柱定位在哪个领域，是创造完全全新的品牌，还是在原有品牌的基础上再行开发。创立新品牌，需要根据市场的变化和企业自身技术、经济能力，对品牌从结构到性能、服务等方面进行完全的创新，采用新原理、新技术形成新的产品品牌，与现有的品牌完全不同，给消费者一种全新的感觉。再行开发原有品牌，则是通过对原有品牌在设计、形象等方面的再开发，使其产生更宽更广的用途，扩大品牌的使用范围。

（2）对品牌的内涵进行准确定位。品牌之所以区别产品，在于品牌有着独特的内涵。品牌，尤其是知名品牌，是企业声誉、信用、形象的集中体现，其中凝聚了企业的产品研发投入、市场营销投入、内部管理投入等。知名的企业未必就一定有知名的品牌；但是，知名的品牌往往可以托起一个知名的企业。因此，对于企业而言，良好的品牌是其立足市场，获得消费者认可的前提与保障。品牌创建是一项长期而系统的工作，需要企业确定符合自身发展的品牌战略，并有效地予以执行。唯有如此，才能塑造出知名品牌，使企业能够在激烈的市场竞争中做到长盛不衰。

（3）对品牌的"国际名牌"可打造分析。当前，国际经贸交流日益频繁，国家形象与企业品牌形象之间联系也越来越紧密。一个具有国际知名度、全球美誉度的大品牌，是国家的瑰宝、民族的骄傲，是在国际竞争中实现利润最大化的卓越载体。例如，人们一谈到美国，往往会想到苹果、谷歌、微软等代表先进技术的美国品牌；说起德国，会想起奔驰、宝马、大众等性能优良的德国品牌；聊到法国，则往往会想到香奈儿、纪梵希、路易威登（LV）等时尚法国品牌。可以说，知名品牌的构建实际上是国家形象的营造，品牌价值的增加则意味着国家影响力的提升。那么，如何在国际中进行品牌创新，也需要进行一定的规划，避免因文化差异等地域性原因导致知识产权侵权产生的风险升高。

二、不同阶段品牌创造的战略管理

企业具有生命周期，而以品牌为核心的企业，品牌的兴衰则意味着企业生命周期的长短。在品牌资产价值流动的不同阶段都应进行创造以满足创新性，才能创造、维系品牌价值。应该根据实际情况，准确分析自身品牌的特征，找准契机，进行创新，以达到品牌创造战略的真正管理目的。

（一）品牌资产流入期的品牌创新

在品牌资产流入期，需要考虑的是如何创立一个拥有高度品牌认知和积极的品牌形象的品牌，这会给企业在节约成本和增加收入方面带来好处。例如，华为品牌的打造就与国家情怀有关。1987年，任正非创办华为的时候，几个创始团队成员看到墙上有一句"心系中华，有所作为"的标语，就给公司取名为华为。当时设计的标志是15片花瓣，其初始设计含义是旭日东升、日出东方，带有明显的20世纪80年代爱国主义气息，并且标志下方的文字还有"华为技术"四个字。而与之相反的则是开篇引入的"MLGB"，则对品牌的打造产生了不良影响。

（二）品牌资产价值稳定期的品牌创新

在品牌资产价值稳定期，如何为品牌不断注入新的元素，与时俱进，使品牌保持延展性和活力，是重要的考量因素。保持品牌生命力的重要策略就是适时进行品牌升级。品牌升级就是从整体经营拓展的需要出发，在目标市场不断升级的同时，使品牌内涵同步升级，让品牌永葆青春并且持续焕发生命力，并由此带动企业管理手段的创新和管理水平的提高，促进经济效益迅速发展。例如，鸿星尔克在企业稳定期，仍坚持其不找明星代言以降低成本，却通过"捐款"这一不断持续在做的事情被推上了"热搜"。除此之外，还有"蜜雪冰城"等中低端定位的品牌，坚守在不找明星代言，却稳定把控产品质量，从而在资产稳定期创出了自己的品牌。

（三）品牌资产价值流出期的品牌创新

时间的推进容易造成品牌老化。例如，老干妈作为辣椒酱的领军人物，仍面临辣椒酱市场的大变天。比如，林依轮创立的辣酱品牌"饭爷"在天猫上，以比老干妈高出二三倍的价格仍受热捧，上线2小时就售出30万瓶。如

知识产权管理 >>>

今在全网拥有 8000 万粉丝的李子柒也在自己淘宝店中出售辣椒酱,价格普遍在 20 元及以上,一款价格 39.9 元的两瓶装辣椒酱一个月售出 2 万多单。纵然老干妈有强大的渠道力和产品力,也抵不住明星网红的流量与吸金力。"2022 贵州民营企业 100 强"的榜单显示,老干妈 2021 年的营收为 41 亿元,名次下降 5 名,位列总榜单的第 11 名。❶ 因此,在品牌资产价值流出期,品牌的产品,除却加大产品研发力度之外,更多地需要更加坚定品牌线路。

▶ 思考题

1. 思考文化、科技与品牌创造的战略管理是否有共同之处?
2. 回顾 SWOT 模型,分析其除用于文化类企业之外,科技类与品牌类企业能否举例。
3. 如何把握企业知识产权创造管理战略与创新的关系?

---

❶ 小酱料"酿"出大市场:老干妈缩水,"老干爹"能否乘势而上?[EB/OL].(2022 - 12 - 16) [2023 - 12 - 26] . https://www.xianjichina.com/special/detail_520586.html.

第九章 企业知识产权取得战略管理

教学目标：

1. 了解权利取得对企业各类型知识产权战略管理的重要性；
2. 区别著作权、专利权和商标权等不同权利类型的权利取得；
3. 针对不同权利取得，了解权利取得在企业知识产权战略管理的关键节点。

▶ **开篇引入：深圳文交所：版权登记与激活文化市场化运营**[1]

著作权的取得为"自动取得"，且以"署名"推定著作权人。但在实际版权产业市场化运营中，著作权的权利归属判定具有重要作用。在传统著作权登记服务无法满足海量作品确权需求，部分地区著作权登记流程存在登记烦琐、周期长、费用高、服务区域受限等难点的情况下，深圳文交所上线开展的著作权登记业务，为著作权机构和个人简化著作权登记流程。该平台能在著作权人创作完成第一时间进行存证，获得法律认可的存证证明，可有效证明作品的诞生时间和权属。该平台直通互联网法院，确保证据的权威性和安全性。

深圳文交所将借助区块链、云计算、大数据等现代化科技手段，简化著作权登记流程，缩短登记审核周期，降低登记成本，为著作权机构和个人提

---

[1] 徐平. 为版权产业提供全链条服务 [N]. 中国新闻出版广电报，2023-07-06 (07).

供著作权保护凭证；通过全国文化大数据交易体系进行"专网原始文化数据生产资料流转"，通过文化数字化生产线对著作权进行最大化的价值挖掘与发现，通过文化原始数据要素的解构与重构深度挖掘著作权的潜在价值，通过建立文化数据知识图谱形成多产权的整合效应，以结构化改革推动文化产业供给侧改革；通过"互联网文化数字产品多渠道多平台跨域分发"，将文化数字产品进行线上、线下的传承、展示、流转、体验，打造文化数字化新消费生态。

第一节 企业著作权取得战略管理

在诸多知识产权中，著作权是文化领域最重要的知识产权。著作权对促进精神文化产品创造和传播、提高全民族科学文化素养具有重要意义，文化创新、文化产品贸易、文化产业发展都离不开著作权制度。

一、著作权取得制度

著作权的取得，是指著作权法规定的由作品产生著作权的制度。一般意义上，著作权的取得可分为原始取得和继受取得。

根据我国《著作权法》第 2 条规定，中国自然人、法人或者非法人组织的作品，自创作完成之日起自动产生著作权，不必办理任何法律规定的手续；外国人或者无国籍人的作品，可依据其所属国或者惯常居住地国与我国共同参加的国际条约或者互惠原则等，自动取得著作权，不必办理任何法律规定的手续。该项原则称为自动取得原则，与《伯尔尼公约》和《知识产权协定》的规定相一致。

根据著作权自动取得原则，意味着作品不必进行登记。但是，如果作者或者其他著作权人愿意进行作品登记的，则可以根据国家版权局制定的《作品自愿登记办法》（以下简称《办法》）进行登记。在我国，作品的登记既不是作品产生著作权的条件，也不影响著作权本身的保护期限。但是，实行作品登记也有许多好处：

（1）作品登记证可作为确权的初步证据。

（2）对计算机软件而言，软件登记证所具有的作用更大。

（3）作品登记证还是作者或者著作权人进行著作权海关保护登记的必要文件。

（4）对某些作品，如摄影作品、电影作品和以类似摄制电影的方法创作的作品等，作品登记证还可以作为证明其保护期起算点的证据。

从国家知识产权局发布的数字来看，2022年全国著作权登记总量达6 353 144件，同比增长1.42%。社会总体的版权登记意识大幅提升。从作品类型看，登记量最多的是美术作品2 133 962件，占作品著作权登记总量的47.24%；第二是摄影作品1 603 228件，占35.49%；第三是文字作品349 350件，占7.73%；第四是影视作品197 806件，占4.38%。以上类型的作品著作权登记量占作品著作权登记总量的94.84%。❶同时必须看到，我国著作权登记还存在立法基础薄弱、登记效力不强、恶意登记频发等现实问题，著作权登记制度仍待进一步完善。

二、文化创新的产权化成果——作品

作品，是指文学、文艺和科学领域内具有独创性，并能以某种有形形式复制的智力创造成果。以法律层面观之，作品是文化创新成果的产权化，虽然文化创新也包括部分不构成作品的民间文学艺术等，但作品无疑是文化创新成果中最具经济价值和市场活力的部分。

对作品的理解应掌握：（1）作品必须是已经表达出来的形式。在作者大脑中形成而没有以任何方式表达出来的东西，就不是著作权法所称的作品。（2）作品必须是文学、艺术或者科学领域内的表达形式。（3）作品必须表达

---

❶ 国家版权局关于2022年全国著作权登记情况的通报［EB/OL］.（2023-03-21）［2024-04-29］. https：//www.ncac.gov.cn/chinacopyright/contents/12228/357527.shtml.

出作者的思想、情感。

同时，作品有两大基本构成要素，即独创性和可复制性。

作品的独创性是法律保护作品表达方式的客观依据，是此作品区别于彼作品的重要标志，也是作品取得著作权的最主要条件。独创性，是指作品是独立构思而成的，不是对现有作品的抄袭、剽窃或者篡改。WIPO 对于独创性的解释是：独创性是指作品属于作者自己的创作，完全或基本不是从另一作品抄袭而来。由此可见，WIPO 对于独创性的描述仅在于非抄袭，而不存在高低之分。在我国，对于独创性的要求虽然达不到专利法上的新颖性标准，但仍要求作品具备一定程度的智力创造。在创作作品时，作者应独立运用自己的智力和技巧，选择作品的构成要素，按照自己确定的规则和顺序进行组织，表达出自己内心真实的体验和感受、真实的立场和观点、真实的思想和情感。同时需要注意的是，独创性不是艺术性。艺术性是对作品质量的评价标准。作品的艺术性越高，其生命力越强。但无艺术性或者艺术价值不高的作品，与艺术性高的作品一样能产生著作权。

可复制性，是指著作权法意义上的作品，可以被人们直接或者借助某种机械或设备感知，并以某种有形物质载体复制。根据我国《著作权法实施条例》第 2 条规定可知，可复制性是构成作品的实质条件之一。

三、著作权法所保护的作品类型

作品表现形式与科学技术的发展息息相关。1709 年《安娜女王法令》的保护对象仅限于印刷和手写方式的文字作品。19 世纪末的工业革命催生了摄影作品、电影作品、电视作品等作品类型。20 世纪 50 年代以来，以信息技术为代表的新技术革命将计算机软件和数据库纳入了著作权的保护范畴，成为新的作品类型。

我国现行《著作权法》正视了著作权客体的扩大化趋势，于第 3 条将文学、艺术、科学领域内的作品分为 9 个类别。

（一）文字作品

文字作品，是指小说、诗词、散文、论文等以文字形式表现的作品。这一类型还包括数据统计报表、盲文读物等。文字作品的历史最为悠久，数量最为庞大，运用最为广泛，常作为第一类作品被列入各国著作权法。

（二）口述作品

口述作品亦称为口头作品，是指即兴的演说、授课、辩论、即赋诗词等以口头语言创作、并未被任何物质载体固定的作品。口述作品因不要求以某种形式"固定"，而被英美法系国家排斥。司法实践中，口述作品争端案例较少，比较典型的是 20 世纪末的《梁漱溟随想录》著作权纠纷案。案中，被告擅自整理梁漱溟先生的口述作品，并以自己的名字署名，最终败诉。

（三）音乐、戏剧、曲艺、舞蹈、杂技艺术作品

音乐作品，指歌曲、交响乐等能够演唱或演奏的带词或不带词的作品。戏剧作品，是指话剧、歌剧、地方戏剧等供舞台演出的作品。曲艺作品，是指相声、快书、大鼓、评书等以说唱为主要形式表演的作品，是我国特有的作品类型，其他国家立法鲜有涉及。舞蹈作品，是指通过连续的动作、姿势、表情表现思想情感的作品。舞蹈作品包括哑剧表演和普通的舞蹈表演等。杂技作品，是指杂技、魔术、马戏等通过形体动作和技巧表现的作品。需要说明的是，以上作品指向的均不是舞台表演，戏剧作品和曲艺作品指的是类似文字作品的戏本和话本，而舞蹈作品和杂技作品多体现于动作、姿势、表情方面的情感和技巧。

（四）美术、建筑作品

美术作品，是指绘画、书法、雕塑等以线条、色彩或其他方式构成的有审美意义的平面或立体的造型艺术作品。建筑作品，是指以建筑物或者构筑物形式表现的有审美意义的作品，包括任何固定结构，以及建筑物或固定结构的一部分，不包括建筑物设计图、建筑物模型等。

(五)摄影作品

摄影作品,是指借助器械,在感光材料上记录客观物体形象的艺术作品,也称照片。

(六)视听作品

视听作品,是指通过一定的物质媒介呈现,由一系列有伴音或无伴音的画面组成,并借助适当装置或设备再现或播放的作品。视听作品作为第三次《著作权法》修改的新概念,用以取代"电影作品和以类似摄制电影的方法创作的作品"。第三次《著作权法》修改之前,电影作品以"摄制"为基本要件。但在司法实践中,这一要件被逐渐突破。以动漫作品为例,虽然属于典型的类电影作品,其制作过程并不符合"摄制"的要求。

(七)工程设计图、产品设计图、地图、示意图等图形作品和模型作品

工程设计图、产品设计图,指为工程的施工和产品的生产绘制的图样。地图、示意图,是指地图、线路图、解剖图等反映地理现象、说明事物原理或者结构的图形或模型。模型作品,是指为展示、试验或者观测等用途,根据物体的形状和结构,按照一定比例制成的立体作品。

(八)计算机软件

计算机软件,是指计算机程序及其有关文档。计算机软件虽然是一种作品,但由于其所具有的特殊性,国务院专门制定了《计算机软件保护条例》对其进行保护。

(九)符合作品特征的其他智力成果

该款是为应对新兴作品类型预留的弹性条款,有利于保障著作权法的稳定性和适应性。

四、不受著作权法保护的对象

我国《著作权法》第4条、第5条明确规定了不得出版与传播的作品和

不使用著作权法保护的情形。前者是指利用方式或内容违反法律或损害公共利益的作品，后者则指因欠缺独创性或是已经进入公共领域而不受著作权保护的信息。具体包括以下几类。

（一）违禁作品

违禁作品，是指利用方式或内容违反法律或损害公共利益的作品。一方面，因违禁作品符合作品的实质条件，又因为著作权实行自动取得原则，所以，违禁作品自创作完成之日起，能依法自动产生著作权。另一方面，如果某作品被有关机关依法认定为"禁止出版、传播的作品"，它就成为不受著作权法保护的对象。

（二）法律、法规和官方文件

此类对象，单纯从作品的构成条件上看，完全符合独创性和可复制性。第一，任何一件法律、法规，都是国家立法机关或地方立法机关根据本国、本地现阶段的实际情况，由专门人员花费很长时间、很多精力制定、编纂出来的，而且其中所用的每一个字、词、句都须经过斟酌和锤炼。第二，国家机关的任何决议、决定、命令和其他具有立法、行政、司法性质的文件，及其官方正式译文，是国家机关针对某具体事项、具体人员、具体行为、具体案件等作出的，更是经过字斟句酌产生的结果。然而，法律明确将这样的对象排斥于著作权保护之外，是由这些对象的性质所决定的，其目的就是让它们最大限度地向广大公众传播，最大限度地为广大公众所知晓，最大限度地被广大公众所利用。

（三）单纯事实消息

单纯事实消息，是指传播媒体所发布的、近期内发生的，且为广大公众所关注的、涉及社会大众利益的单纯事实。单纯事实因缺乏独创性而被排斥于著作权保护之外。换言之，如在单纯事实之上添加了媒体或相关人员的评论或观点，即存在被著作权法保护之可能。

（四）历法、通用数表、通用表格和公式

历法、通用数表、通用表格和公式属于人类共同财产，具有较强的公益性，其本身就是为了让人们加以利用并推动社会发展的，因此不宜纳入著作权法进行保护。

五、署名和登记：企业著作权取得战略管理的重点

互联网时代，5G、区块链等高新技术的不断更新迭代，助推了数字版权产业的高速发展，数字作品的创作和传播变得异常便捷，很多时候，人们只需要一部手机，就可以完成数字作品从构思到创作、从上传到分发的全过程。但同时，盗用、抄袭、洗稿等侵权现象也日渐猖獗，不少投机取巧者通过互联网平台可以更轻易地剽窃他人作品，牟取暴利。这在极大地挫伤广大创作者创作热情的同时，也给产权经营者造成巨大的经济损失。在中国版权协会发布的《2021年中国网络文学版权保护与发展报告》中，2021年中国网络文学盗版损失规模为62亿元，同比上升2.8%，保守估计已侵占网络文学产业17.3%的市场份额。❶ 基于该现状，对作品进行署名，同时进行版权登记，是企业著作权权利取得的重要证明。

（一）"葫芦娃"造型角色案❷

在该案中，两原告既未提供定稿的"葫芦娃"角色造型美术作品，也从未就该作品进行版权登记。且其中一原告提供的证据既不完整，也无作者署名和形成时间，且每集片名系事后添加或有涂改的情况下，法院对相关证据均不予采信。因此，两原告提供的上述证据尚不足以证明其独立创作了"葫芦娃"角色造型美术作品。但是，在涉案影片的影片目录、每集的完成台本和1996年美影厂出品的《葫芦兄弟》系列VCD光盘的每集片尾工作人员名单中，均显示两原告的名字，且对该署名无异议，被告亦承认两原告贡献的情况下，法院认定两原告共同创作了"葫芦娃"角色造型美术作品。

---

❶ 中国版权协会：2021年网络文学盗版损失达62亿元，超八成作家受侵害［EB/OL］．(2022-05-26)［2024-04-29］．https://news.cctv.com/2022/05/26/ARTINSLjbTU4Me7ZiNAEKb4S220526.shtml.

❷ 上海市第二中级人民法院（2011）沪二中民五（知）终字第62号民事判决书。

(二)"小 Q"著作权权属纠纷案[1]

在该案中,涉案作品"小 Q"系原告所作,但被告在抗辩时,认为原告不是涉案作品 7 的著作权人,理由为涉案作品 7 未进行作品登记,且原告提交的发表链接及电子文件不足以证明其享有涉案作品 7 的著作权。

法院认为,当事人提供的涉案作品的底稿、原件、合法出版物、著作权登记证书、认证机构出具的证明、取得权利的合同等,可以作为认定著作权权属的证据。本案中,原告提交了载有涉案作品的作品登记证书、发布有涉案作品的相关网页打印件,结合相关网站账号个人主页信息以及法庭勘验原告可持用户名和密码进入的情况,故认为,上述证据相互印证,在无相反证据的情况下,能够证明原告系涉案作品的作者。被告虽质疑涉案作品 7 的权属,但未提交相反证据,法院依据现有证据依法确认原告享有涉案作品的著作权。

从上述两个案例中可以看出,作品未进行版权登记存在权利质证的风险,需要一系列证据链条加以佐证。署名和作品版权登记双管齐下,对企业进行著作权取得具有重要意义。

▶ **思考题**

1. 著作权的取得原则是什么?
2. 著作权保护的客体范围有哪些,明确不保护的客体范围有哪些?
3. 署名对著作权侵权纠纷的益处有多大?

第二节 企业专利权取得战略管理

一、专利权的取得

专利权具有国家授予性的特征。具而言之,一项发明创造完成后,不能

---

[1] 北京市海淀区人民法院(2017)京 0108 民初 36169 号民事判决书。

自动取得专利权。若想就某项发明创造取得专利权，首先须解决以下三个问题。

（一）专利申请权的享有

根据我国《专利法》第6条规定，职务发明创造的专利申请权归发明人或设计人❶的所属单位；非职务发明创造的专利申请权归发明人或设计人；利用本单位的物质技术条件完成的发明创造，其专利申请权的归属由该发明人或设计人与其单位订立的合同约定，没有约定的，归其单位。

只有依法享有专利申请权的自然人、法人或者其他组织才有权就其发明创造向国家知识产权局提出专利申请，其他人没有这样的权利。

（二）申请专利权的必要性权衡

就某项发明创造申请专利权，具有三个方面的风险：第一，须公开其发明创造，公开后的发明创造就将成为公有财产，不再受法律保护；第二，即使能够获得专利权，如果没有市场前景，就可能变成垃圾专利，但仍然要负担专利维持费；第三，即使能够获得专利权，但是，如果其市场的经济寿命很长，则可能丧失在专利保护期届满后的市场。❷ 例如，美国的可口可乐配方没有申请专利，它虽然已历经100多年，现在仍然可以作为商业秘密受保护。

因此，专利申请人在提出专利申请之前须权衡申请专利的利弊。只有当利明显大于弊时，申请专利才是可行的。

（三）申请专利权的步骤

提出专利申请，撰写专利申请文件，是一项专业性很强的工作。一般情况下，专利申请人自己是难以做好这些工作的，因此需要委托一家专利事务所来代理。除了申请中国专利外，是否有必要同时申请外国专利，以及向哪

---

❶ 我国《专利法》同时为发明、实用新型和外观设计三种专利提供法律保护，因此，将完成发明或实用新型的自然人称为发明人，将创作出外观设计的自然人称为设计人。为了方便起见，《专利法》将完成发明创造的人统称为发明人或设计人。

❷ 吴汉东．知识产权法［M］．3版．北京：北京大学出版社，2015．

些国家申请专利,等等,只有将这些问题都考虑清楚后,才能决定申请专利。

一旦决定申请专利,以下内容就成为必读之文。

二、专利申请原则

专利申请原则,就是我国《专利法》及其实施细则规定的贯穿整个专利申请审查过程的基本准则。具体原则如表9–1所示。❶

表9–1 专利申请的基本原则

名称	基本含义
书面原则	专利申请人办理《专利法》及其实施规定的手续时,应当采用书面形式
单一性原则	除特殊情况外,一份专利申请只能就一项发明创造提出专利申请
先申请原则	两个或者两个以上的申请人,分别就相同的发明创造向国务院专利行政部门提出专利申请的,专利权授予最先申请人
优先权原则	申请人自发明或者实用新型在外国第一次提出专利申请之日起12个月内,或者自外观设计在外国第一次提出专利申请之日起6个月内,又在中国就相同主题提出专利申请的,依照该外国同中国签订的协议或者共同参加的国际条约,或者依照相互承认优先权的原则,可以享有优先权。申请人自发明或者实用新型在中国第一次提出专利申请之日起12个月内,又向国务院专利行政部门就相同主题提出专利申请的,可以享有优先权

三、专利申请文件

专利申请人应当根据我国《专利法》的规定向国务院专利行政部门提交的专利申请文件,如表9–2所示。❷

---

❶ 参见《中华人民共和国专利法》第26—31条等。
❷ 参见《专利法实施细则》"第二章 专利的申请"专章。

表9-2 需提交的专利申请文件

发明创造的种类	申请文件名称	基本含义
发明或实用新型	请求书	专利申请人向国务院专利行政部门提交的请求对其发明或实用新型授予专利权的正式书面文件
发明或实用新型	权利要求书	权利要求书是申请专利的重要的法律文书，当事人申请发明或者实用新型专利必须提交权利要求书，一式两份。权利要求书应当说明发明或者实用新型的技术特征，清楚、简要地表述请求保护的范围
发明或实用新型	说明书	专利申请人向国务院专利行政部门提交的阐述发明或实用新型技术特征的正式书面文件
发明或实用新型	摘要	对说明书内容的摘要
发明或实用新型	附图	实用新型专利申请人必须提交的申请文件
外观设计	请求书	专利申请人向国务院专利行政部门提交的请求对其外观设计授予专利权的正式书面文件
外观设计	图片或照片	专利申请人向国务院专利行政部门提交的使用外观设计产品的图片或照片，以确定使用外观设计的产品

依照《专利法》《专利法实施条例》规定，除"发明专利的检索资料或者审查结果资料"和"附图"可以补交之外，表9-2所列专利申请文件的具体资料都是在提交专利申请时的必要文件，不可或缺。但《专利法实施细则》第45条规定："发明或者实用新型专利申请缺少或者错误提交权利要求书、说明书或者权利要求书、说明书的部分内容，但申请人在递交日要求了优先权的，可以自递交日起2个月内或者在国务院专利行政部门指定的期限内以援引在先申请文件的方式补交。补交的文件符合有关规定的，以首次提

交文件的递交日为申请日。"说明申请了优先权的发明或者实用新型专利申请,在权利要求书、说明书或者权利要求书、说明书的部分内容缺少或者错误的情况下,可以通过限制的方式进行补交。

四、专利申请的审查

国家知识产权局对专利申请的审查,将按下列流程进行。

（一）发明专利的申请流程

发明专利的申请流程如图9-1所示。

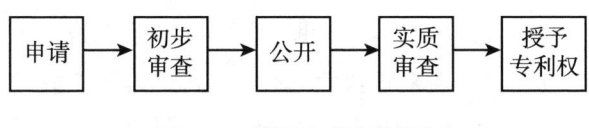

图9-1　发明专利申请流程

（二）实用新型和外观设计专利的申请流程

实用新型和外观设计专利的申请流程如图9-2所示。

图9-2　实用新型和外观设计专利申请流程

五、获得专利权的实质条件

（一）新颖性

我国《专利法》第22条规定,新颖性是指发明创造在申请专利之前是现有技术中所没有的,未被公知公用的。针对不同类别的专利,我国专利法对其新颖性的要求也不同。

依照我国《专利法》规定,对发明和实用新型的新颖性要求是在申请日以前没有同样的发明或者实用新型在国内外出版物上公开发表过,在国内公开使用过或者以其他方式为公众所知,也没有同样的发明或者实用新型由他人向国务院专利行政部门提出过申请并且记载在申请日以后公布的专利申请文件中。依照《专利法》第23条之规定,授予专利权的外观设计,应当同申请日以前在国内外出版物上公开发表过或者国内公开使用过的外观设计不相同和不相近似,并不得与他人在先取得的合法权利相冲突。

(二) 创造性

我国《专利法》第22条规定:"创造性,是指与现有技术相比,该发明具有突出的实质性特点和显著的进步,该实用新型具有实质性特点和进步。"

依我国《专利法》规定,判断创造性应把握以下三点:(1)判断创造性应参照申请日以前已有技术。(2)判断创造性的人应为发明创造所属技术领域的普通技术人员。(3)判断创造性的客观标准,发明应以"突出的实质性特点和显著进步",实用新型应以"实质性特点和进步"为标准。

我国《专利法》对发明、实用新型和外观设计在创造性方面有不同的规定。依《专利法》规定,发明的创造性必须是"突出的实质性特点和显著的进步",而实用新型的创造性是"实质性特点和进步"。可见,与发明比较,对实用新型的创造性要求较低。由于外观设计仅是对产品外观所富有美感的设计,不是技术性方案,故《专利法》第23条规定,"授予专利权的外观设计与现有设计或者现有设计特征的组合相比,应当具有明显区别"。

(三) 实用性

我国《专利法》第22条规定:"实用性,是指该发明或者实用新型能够制造或者使用,并且能够产生积极效果。"

这一规定有两层含义:第一,该发明或实用新型能在工业中制造或使用。这种制造和使用强调了客观上的可实践性,如果这些发明或实用新型仅限于提出问题、违反自然规律或幻想或构思阶段,则不能授予专利权。第二,具有有益性结果。申请授予专利的发明或实用新型应当具有更高的技术、经济和社会效益。明显脱离现实社会需要且浪费资源,生产成本较高、有损人身健康的无益性发明或实用新型不应认定具备实用性。

> **小贴士**

不丧失新颖性的情形

我国《专利法》第24条规定,申请专利的发明创造在申请日以前6个月内,有下列情形之一的,不丧失新颖性:

(一)在国家出现紧急状态或者非常情况时,为公共利益目的首次公开的;

(二)在中国政府主办或者承认的国际展览会上首次展出的;

(三)在规定的学术会议或者技术会议上首次发表的;

(四)他人未经申请人同意而泄露其内容的。

六、企业专利权权利战略管理的取舍

依据《专利法》第42条规定,发明专利权的期限为20年,实用新型专利权的期限为10年,外观设计专利权的期限为15年,均自申请日起计算。同时第43条规定,专利权人应当自被授予专利权的当年开始缴纳年费。没有按照规定缴纳年费的,专利权在期限届满前终止;且专利权人可以以书面声明放弃其专利权,由国务院专利行政部门登记和公告。

(1)发明专利年费:

第1~3年:900元/年;

第4~6年:1200元/年;

第7~9年:2000元/年;

第10~12年:4000元/年;

第13~15年:6000元/年;

第16~20年:8000元/年。

(2)实用新型和外观设计年费:

第1~3年:600元/年;

第4~5年:900元/年;

第 6~8 年：1200 元/年；

第 9~10 年：2000 元/年。

从上述的年费[1]可以看出，出于经济因素的考虑，当企业拥有一定数量的专利之后，基本上不会把所有的专利都维持到理论最长期限。于是企业专利人员如何进行取舍也很重要，重点可参考以下要素。

（一）行业特点

企业所处的行业可以大致看出专利平均维持年限较长或较短。例如对于快消品行业、数码产品行业等，其产品迭代快、技术周期短，因此处于这些行业的企业一般平均专利维持年限相对较短。反之，所在企业为大型机械制造业，其平均专利维持年限相对较长，基本都维持 10 年以上。

（二）专利保护对象

对于专利权人而言，各个专利之间的重要性显然是不相同的，可以对其进行分类。有些企业以核心技术/一般技术来划分，也有企业通过对技术打分/评星级来进行分类。总之，无论采用什么具体方法，显然核心技术/高评分、高星级的技术应当考虑优先维持，而在不得不决定放弃维持时，一般可以优先考虑放弃非核心的技术。

（三）专利授权质量

在实践中，还需要考虑专利"授权"时的质量，即不仅是文件撰写的质量，还包括答复质量。专利文件撰写质量的高低往往决定了是否能获得较好的保护范围，有些专利即便文件撰写质量较好，但审查过程中有相当接近的对比文件，导致修改后所获得的保护范围很小，那么这样的专利实际上作用（或者说价值）相当有限，因为其创新程度不大，或者说现有技术极大地限制了专利的保护范围。显然，在考虑维持/放弃专利时，对于保护范围较大（价值较高）的专利，可以优先考虑维持。

---

[1] 参见国家知识产权局 2023 年 12 月公布的《专利和集成电路布图设计缴费服务指南》。

（四）专利使用情况

专利说到底是要实现其作用的，例如有些专利的作用在于保护自己的产品/技术，有些专利的作用在于阻止第三方实施特定的技术，等等。关于专利的作用（或者说市场价值）可以深入讨论，而这里我们也可以将其作为考虑专利维持/放弃的一个因素。

对于某个特定的专利，其保护的技术属于已经退市的产品、正在上市的产品，还是未来将要上市的产品？是本企业自己使用的技术，还是为了限制竞争对手使用的技术？显然，对于已经退市的产品，相对应的专利可以优先考虑放弃，而针对未来的上市产品，或者为了限制竞争对手的专利，可以考虑继续维持。

▶ **思考题**

1. 如何利用专利制度做好专利权的取得？
2. 如何适时放弃专利权？

第三节　企业商标权取得战略管理

一、商标权利的取得

商标权的取得分为原始取得和继受取得。这里主要讨论商标权的原始取得，有以下两种方式：一是使用取得，也称为使用原则，是指商标创设后须实际使用于商业活动，商标上的权利基于使用的事实而形成。因使用获得商标权在历史上曾是商标权产生的唯一依据，这是由商标的功能所决定的。商标是作为证明某个商人商品的手段而出现的，如果该商品不出售，商标既不证明来源又不证明商品，就毫无意义。因此，商标上的权利只能凭借使用而获得。二是注册取得，指商标权的取得必须经过注册核准，注册商标受法律保护，未经注册的商标，一般得不到法律的保护。在商标保护的历史上，注册原则的出现晚于使用原则，却为世界上绝大多数国家和地区所采用，原因在于：注册制度适应了国内市场一体化和对外贸易的需要，法律所保护的注册商标专用权具有排他性，注册还有助于商标权人行使商标权利。

商标注册需要遵循以下三个原则：

（一）申请在先原则

申请在先原则又称注册在先原则，指两个或两个以上的申请人，在相同或类似的商品上以相同或者近似的商标申请注册时，申请在先的，可以获得商标专用权，而申请在后的予以驳回。申请在先原则用以协调两个以上的人申请相同商标时的关系，根据《商标法》第31条的规定，两个或者两个以上的商标注册申请人，在同一种商品或者类似商品上，以相同或者近似的商标申请注册的，初步审定并公告申请在先的商标；同一天申请的，初步审定并公告使用在先的商标，驳回其他人的申请，不予公告。这一规定表明，我国实行以申请在先为原则，使用在先为补充的注册制度。

（二）自愿注册原则

自愿注册指商标使用人是否申请商标注册取决于自己的意愿。依自愿注册原则，商标无论注册与否均可使用，但注册商标和未注册商标的法律地位不同。注册商标享有专用权，未注册商标不具有受法律保护的专用权。在实行自愿注册原则的同时，商标法对极少数商品仍保留了强制注册的办法。我国《商标法》第6条规定，法律、行政法规规定必须使用注册商标的商品，必须申请商标注册，未经核准注册的，不得在市场销售。目前我国要求必须使用注册商标的商品是烟草制品。

（三）优先权原则

世界上大多数国家都实行先申请原则，而且要求申请客体的新颖性，所以申请人要在几个国家申请同一商标标志的注册保护，就必须同时在几个国家提出同样内容的申请，否则后来提出的申请有可能得不到保护。但要同时在国内外几个国家提出同样的申请，事实上很难办到。优先权制度就是为了解决这种矛盾而设立的。根据《巴黎公约》第 4 条、第 11 条的规定，商标注册申请的优先权，时间为 6 个月；对在国际展览会上首次展出的商品的临时保护，可以给予优先权，时间也是 6 个月。优先权分为两类：一是因首次申请而产生的优先权，也称为申请优先权。我国《商标法》第 25 条规定，商标注册申请人自其商标在外国第一次提出商标注册申请之日起 6 个月内，又在中国就相同商品以同一种商标提出商标注册申请的，依照该外国同中国签订的协议或者共同参加的国际条约，或者按照相互承认优先权的原则，可以享有优先权。二是因首次使用而产生的优先权，也可称为展览优先权，是指商标在展览会展出商品上首次使用的，可以享有优先权。我国《商标法》第 26 条规定，商标在中国政府主办的或者承认的国际展览会展出的商品上首次使用的，自该商品展出之日起 6 个月内，该商标的注册申请人可以享有优先权。

根据我国《商标法》第 32 条：申请商标注册不得损害他人现有的在先权利，也不得以不正当手段抢先注册他人已经使用并有一定影响的商标。不与在先权利相冲突，是商标注册应满足的条件，它要求申请人遵循诚实信用原则，在从事商标法律行为时，顾及他人合法利益。尊重在先权利，应当始于商标的设计和选材。凡是商标构成要素涉及已有创作成果或者他人权利的，商标使用人应该取得权利人的许可之后再加以利用。在先权利，是指在申请商标注册之前的他人已有的合法权利，其对象为其他知识产权或者民事权利。在先权利的范围，最高人民法院在 2016 年"乔丹"案判决中指出，我国《商标法》第 32 条所谓在先权利，应指被保护的民事权利、民事权益在商标注册之日前就已经存在，已由民事主体依法享有，并且根据我国《民法通则》《侵权责任法》和其他法律的规定，对此类民事权利或民事权益应予以保护。❶ 概括起来说，凡是可用来作为商标的客体都可能产生在先权利，例如，利用已有的绘画、图案作为商标，创作者享有的著作权即为在先权利。

---

❶ 最高人民法院（2016）最高法行再 27 号行政判决书。

在先权利包括但不限于下列权利：商标权、著作权、地理标志权、商号权、外观设计专利权、姓名权、肖像权，这些权利客体的共同性在于：均为文字、图形、图案、数字或组合的形象化标志，适合于商标的选材。需要说明的是在先商标。在先商标是最容易与在后使用发生冲突的一种在先权利，先注册商标和后注册商标的冲突也称为商标混同，发生在商品相同或类似，而商标相同或近似的情况下。在先商标又可分为：在先注册的商标、在先初步审定的商标、先申请的商标、被代理人或被代表人的商标、在先使用并有一定影响的商标以及驰名商标。自 2021 年 1 月 1 日起施行的最高人民法院《关于审理注册商标、企业名称与在先权利冲突的民事纠纷案件若干问题的规定》（法释〔2020〕19 号）第 1 条规定："原告以他人注册商标使用的文字、图形等侵犯其著作权、外观设计专利权、企业名称权等在先权利为由提起诉讼，符合民事诉讼法第一百一十九条规定的，人民法院应当受理。"

二、商标权的核心：显著性

企业要塑造自己的品牌体系，不管是公司名称、产品名称、产品外形、广告口号等，都应该首先考虑：这些商业标示是否可以成为商标？是否有独占使用某一商业标志的机会？因为只有独占，才能更好地区别于同类产品，从而在市场竞争中取得优势。然而，并不是所有的商业标志都可以注册成为商标，申请注册的商业标志应具有显著性。

显著性是商标的精髓，缺乏显著性的标志不能作为商标注册。《商标法》第 9 条规定："申请注册的商标，应当有显著特征，便于识别"，就是对显著性的要求。显著性是指商标识别和区分商品来源的能力，包括"识别性"和"区别性"两个方面，二者密切相关，相辅相成：一个标志如果不能使人记忆和辨认出特定来源，就不可能作为商标；反之亦然，一个标志不能将商品的不同来源区分开来，它就不能发挥指示商品来源的能力。我国《商标法》第 9—12 条即采用"禁止性条款"规定了显著性要求，根据这些法律规定，商标标志中凡含有下列要素的，均属于缺乏显著特征：（1）官方标志、徽记。如国家、国际组织的名称、旗帜、徽记等。(2) 通用名称。仅有本商品的通用名称、图形、型号的标志不得作为商标注册。(3) 描述性标记。直接表示商品主要原料、主要功能、产地、质量等属性或特点的标志不得作为商标注册。(4) 地名。县级以上行政区划的地名或者公众知晓的外国地名，不得作为商标。不过，地名具有其他含义或者作为集体商标、证明商标组成部分的除外；已经注册的使用地名的商标继续有效，如"青岛"啤酒。(5) 功能性三维标志。由产品的功能所决定的，是某类产品唯一的或通用的形状、外观，不得注册。一个标志不含禁用元素，只是具备了显著性的前提条件，可以作为商标注册。即便如此，商标显著性程度是有差别的。在商标理论上，按照显著性强度来划分，商标可分为以下四种类别。

（一）臆造商标

臆造商标是由杜撰的文字、词汇所构成的无特定含义的商标。杜撰的词汇从未在字典上出现过，是由设计者为了作为商标使用而创造出来的，例如"Kodak"（柯达）、"Exxon"（爱克森）、"Xerox"（施乐）就是这种商标的典型。杜撰的词汇、文字本无任何含义，与其标示的商品或服务之间不存在任何关联性，经过一段时间的使用后，市场会赋予臆造词以含义，即作为特定商品或服务商标的含义，这种含义的获得完全归功于商标所有人在生产或营销方面的投入。臆造词汇的唯一性和独特性使其成为理想的商标标志，其他经营者如果不是出于恶意也就不会使用，因而，这种商标是显著性最强、受保护力度最大的商标。

（二）任意性商标

任意性商标是由一个现成的、具有字典含义的词汇构成的商标，但其文字意义与所标示的商品或服务没有特别联系。常用的字词以非同寻常的方式来使用，如"娃哈哈"用于儿童食品，"苹果"用于计算机，"BLACK & WHITE"用于威士忌酒等，都是将普通词汇用作商标，但词汇本身又与商品内在属性之间没有什么关联性。任意性商标的显著性程度低于臆造商标，但仍属于显著性较强的商标。

(三) 暗示性商标

暗示性商标由常用词汇构成，它以隐喻、暗示的手法提示商品的内在属性或某一特点。典型的例子有饮料商标"健力宝"、自行车商标"野马"、捕虫器商标"Roach Hotel"等。"显著性"要求商标的组成要素不得涉及产品的属性和功能，不得直接描述产品的种类、质量、主要原料、产地等。暗示性商标尚未违反这一最低限度要求，因此仍属于具备显著特征的商标，但其显著性较弱，同时，暗示性商标也很容易演变成通用名称。尽管如此，还是有很多经营者倾向于选择暗示性商标，其中的原因就在于，暗示性商标向消费者传达了更多的商品信息，不仅是关于来源，还有关于商品特征的信息，这无疑构成了广告的一部分，减少了产品宣传成本，缩短了进入市场的时间。

(四) 描述性商标

在商业活动中，通用名称、描述性词汇或者地名使用于商品之上，其功能在于告知商品的用途、成分和其他特性，而并无使其商品与其他商品相区别的作用，故不符合显著性的要求。然而，当这些文字、词汇被某一厂商长期使用于商品之上，在行业内及相关消费者中间已为人所知，并使人能够将它和特定商品相联系时，这个标志就在其原始意义上产生了"第二含义"，即获得显著性。我国《商标法》原没有获得显著性的规定，但在实务中商标主管部门运用这一规则处理过某些特例。如"黑又亮"（鞋油）、"两面针"（中草药牙膏）、"五粮液"（酒）等商标准予注册，均考虑到这些商标在长时间的实际使用中已经取得识别能力。取得第二含义的标志，虽可作为商标注册，但其商标专用权的效力范围较之显著性强的商标受到较多的限制。他人对于该商标的使用只有在具有恶意且不正当使用的情况下，商标注册人才可加以禁止。对于善意的、正当的使用，商标注册人应当容忍。

商标的显著性不是固定不变的。商标既然可以在市场中获得显著性，也可能在市场中随着时间的推移而逐渐退化和丧失显著性。下面来看后一种情形，即显著性的退化和丧失。商标淡化，指消费者倾向于将他人商标认知为有关商品的通用名称，从而减损其显著性，最终导致商标权的丧失。商标淡化的发生有两种原因：一是商标所有人对商标标识的不当使用。例如，不恰当的品牌延伸。品牌延伸，指利用现有品牌（主要是商标）进入新的产品类别，这种品牌的泛化可能引起商标的淡化。二是他人对商标标识的不当使用。如字典将某一商标作为通用名称收录，其他市场主体将驰名商标在其他产品类别上进行注册。商标退化的法律后果是导致商标注册被注销。"Thermos"（暖水瓶）、"aspirin"（阿司匹林）、"cellophane"（玻璃纸）、"dryice"（干冰）等，这些原来都是商品的商标，后来演变为商品的通用名称而被撤销注册。

三、商标权的种类

商标权是商标所有人对其商标的使用享有的支配权。商标权的客体以注册商标为主，同时包括未注册商标。商标法以保护注册商标专用权为重点，同时有条件地适度保护未注册商标。商标权在权利内容上分为注册商标专用权和未注册商标的正当权益。注册商标专用权即通常意义上的商标权，包括专用权、禁止权、转让权、使用许可权等。其中，注册商标专用权是一项最基本的权利，其他权利则是由专用权派生而来。未注册商标的正当权益是指对抗不正当注册的权利和先使用权。

（一）专用权

专用权是商标权人对其注册商标享有独占性使用的权利。赋予注册商标所有人独占使用权的目的，是通过注册建立起特定标志与特定商品间的固定联系，从而促使生产经营者保持商品声誉，保证消费者能够避免混淆并能接受到准确无误的商品来源信息。商标权人除了自己使用商标，也可以将注册商标转让给他人或许可他人使用。允许权利人利用其商标，这种效力叫作商标权的积极效力。我国《商标法》第56条规定：注册商标的专用权，以核准注册的商标和核定使用的商品为限。这表明商标法对注册商标专用权的保护以注册登记的事项为准，即核定使用的商品和核准注册的商标文字、图形、字母、数字、三维标志、颜色等或者其组合，注册商标所有人在此范围内的使用行为是受法律保护的。

（二）禁止权

禁止权指商标权人有权禁止他人未经许可使用其注册商标。商标权是一种绝对权，具有较强的排他性。排除他人干涉，在商标权即表现为禁止他人非法使用、非法印制注册商标以及禁止他人非法销售侵犯注册商标的商品。禁止权和专用权是彼此联系的两个方面的权利，专用权涉及的是商标权人使用注册商标的问题，禁止权涉及的是其他人非法使用注册商标的问题。禁止权的效力范围大于专用权的范围。依据《商标法》第57条，对于未经许可在同一种商品或者类似商品上使用与其注册商标相同或者近似的商标的，商标权人均有权禁止。这就是说，禁止权的效力范围及于"类似商品"和"近似商标"，这是由商标法防止混淆的基本宗旨决定的。试想，为了保障商标权人的专用权，仅仅排除他人使用该注册商标是否能够达到目的呢？显然不能。因为标志近似和对象的类似都会使人发生辨认困难甚至导致混淆。

（三）许可权和转让权

使用许可，是指注册商标所有人将其注册商标专用权许可他人行使。使用许可是商标所有人利用商标权的一种重要方式，被许可人的使用行为视同商标权人的使用，如果商标权人许可他人使用商标，即使自己不使用，也不会导致商标权的撤销。行使此项权利的法律形式是商标所有人作为许可人与被许可人签订许可使用合同。转让，是指注册商标所有人将其注册商标所有权转移给他人所有。注册商标转让的法律后果是商标权利主体的变更。转让权是商标所有人处分商标权的一种方式。转让注册商标，应由双方当事人签订合同，并应共同向商标局提出申请，经商标局核准公告后方为有效。

四、企业商标权取得的战略思想

传统的典型商标是由文字、图形、数字等可视性要素构成的二维商业标志。据统计，人凭感觉接触的外界信息中，有83%来自视觉，11%来自听觉，另有 6% 来自触觉、嗅觉和味觉。❶ 与传统商标构成要素不同的商标，被称为非传统商标，主要包括声音商标、气味商标在内的非可视商标，以及包括三维立体商标、位置商标、全息图商标、颜色商标在内的可视商标等。在国际法层面，WIPO 为落实《商标法新加坡条约》的规定，在《商标法新加坡条约实施细则》中首次采用了非传统商标的表述。一般而言，人们对于传统商标的共识面较大，注册限制很少；而对于非传统商标是否可以注册存在争议，也有一定的注册限制。如我国《商标法》第 12 条规定："以三维标志申请注册商标的，仅由商品自身的性质产生的形状、为获得技术效果而需有的商品形状或者使商品具有实质性价值的形状，不得注册。"

因此需要注册的商标，是能将不同的经营者所提供的商品或者服务区别开来的一种商业标志。作为媒介，商标可以让消费者认清商品或者服务的来源，并将经营者商品的信誉集于商标，使商标产生"顾客吸引力"，又可以将不同来源的商品或者提供的服务项目区别开来。此外，这种来源的区分，也将涵盖商品的生产、制造，也包括商品的加工、拣选或者经销等与商品生产和服务密切相关的方式。因此，"标示来源"并非仅表示商品的生产者，有时也表示加工者、销售者和进口者。

在本章中，准确把握著作权、专利权和商标权取得的实质性要件十分重要，如何进行权利的取得，把握权利取得的基础性内容，也是重要的企业知识产权取得战略管理的重要方向。

▶ **思考题**

1. 企业知识产权取得战略管理中，商标权的取得与专利权和著作权有何不同？
2. 企业如何在权利取得环节对商标权的战略布局进行全面考量？

---

❶ 张彦. 现代营销与 CI 理论 [M]. 南京：南京大学出版社，1995：270.

第十章　企业知识产权运行战略管理

教学目标：
1. 了解著作权权利限制对企业知识产权运行战略管理的重要性；
2. 了解标准必要专利对企业知识产权运行战略管理的重要性；
3. 了解商标品牌中商标使用对企业知识产权运行战略管理的重要性。

第一节　著作权权利限制与企业知识产权运行战略管理

著作权制度的创设，一方面需要保护著作权人的权益，另一方面需要对文化的传播和繁荣进行保障。因此，在作品运用的过程中，存在一些对著作权权项的限制性规定，从而确保公共文化的繁荣发展。但是在这些著作权权利限制的过程中，公众也将会通过全民众创的方式，使已经沉寂的一些作品焕发新的生命活力。所以，在著作权权利限制与企业知识产权运行管理的战略之间，进行利益平衡的同时，得到良性互动，是企业对著作权进行运行战略管理的重要内容。

一、著作权限制的概念与类型

著作权限制，是指民事主体可以在法律规定的范围内，依据依法享有的许可权或者获得报酬权而利用权利人作品或邻接权所保护的对象，且不构成侵权的制度。受著作权限制的权利，既可以是著作财产权，也可以是著作人身权，还可以是相关权。

法律规定的著作权限制包括合理使用、法定许可使用、著作权穷竭、强制许可和公共秩序保留等，这些限制是对著作权权能的限制。其中著作权穷竭为习惯上的限制，而非法律上的限制。其他的限制包括著作权的保护期限制、地域限制、权项种类限制等，是知识产权区别于物权所独有的限制。

（一）合理使用

合理使用（fair use），是指自然人、法人或者非法人组织根据法律规定，不损害作品的正常使用也并非不合理地损害著作权人的合法权益，可以不经著作权人许可，而使用他人已发表的作品，不必向著作权人支付报酬的制度。合理使用的原理在于平衡著作权人与公众的对于作品的接触权，使得公众得以按照一定方式，在一定范围内自由使用作品。

我国《著作权法》第24条规定的合理使用，对限制著作权的行为类型加以列举，而非对合理使用的适用标准加以规定。为了弥补《著作权法》的规定的僵化，我国《著作权法实施条例》增加了"不得影响该作品正常使用"和"不得不合理地损害著作权人的合法利益"两项合理使用的适用条件。具而言之，《著作权法》中合理使用的12种情形❶可被归纳为四类。

第一类是为了充分尊重他人的自由，具体包含三种情形：

（1）为个人学习、研究或欣赏，使用他人已发表作品。此处的"个人"并不指人的数量，而是指使用的范围仅限于家庭内部。对于他人作品的合理使用，既不得涉及商业目的，也不能在使用数量和方式等方面超出个人使用范围。

（2）免费表演已发表作品。"免费"是指不以营利为目的，即表演组织者不向观众、听众收取费用，也不向表演者支付费用，表演组织者也不得收取广告费、赞助费等。免费表演的作品只能是已发表作品，不能对未发表作品进行免费表演。扶贫义演、赈灾义演、慈善义演等虽具有一定公益性，也

---

❶ 《著作权法》第24条第1款第（13）项为"兜底式"条款，因现有法律、法规并未有具体情形，故本书不做具体讨论。

不属于免费表演。

(3) 对设置或者陈列在公共场所的艺术作品进行临摹、绘画、摄影、录像。这种合理使用的对象是针对艺术作品的,且艺术作品被设置在公共场所或者陈列在公共场所,如设置或者陈列在社会公众活动处所的雕塑、绘画、书法等艺术作品。艺术作品的临摹、绘画、摄影、录像人,可以对其成果以合理的方式和范围再行使用,不构成侵权。

第二类是出于人道主义和民族政策,其中包含两种情形:

(1) 将中国公民、法人或者非法人组织已经发表的以国家通用语言文字创作的作品翻译成少数民族语言文字作品在国内出版发行。此类合理使用有四个基本要素:一是被合理使用的对象是中国人的作品。二是被合理使用的对象是国家通用语言文字作品。三是被合理使用的对象只能被翻译成我国少数民族语言文字作品。四是翻译作品仅限于在中国境内出版发行,不得在其他国家或地区出版发行。

(2) 以阅读障碍者能够感知的无障碍方式向其提供已经发表的作品。这种合理使用是针对特殊群体的文化需求,若无此合理使用,阅读障碍者文化事业的发展将成为无源之水。在经济利益方面,阅读障碍者数量不多,并不会对著作权人的利益造成损害。

第三类是出于公共利益的保护,分为以下六种情形:

(1) 图书馆、档案馆、纪念馆、博物馆、美术馆、文化馆等为陈列或者保存版本的需要,复制本馆收藏的作品。与其他各种合理使用相比,此种合理使用最特别之处在于被使用的对象可以是已发表作品,也可以是未发表作品。如某著名大师将手稿赠送给某博物馆,该手稿就是未发表作品。根据此项规定,该博物馆可以复制该手稿,以供陈列或保存。

(2) 为报道新闻,在报纸、期刊、广播电台、电视台等媒体中不可避免地再现或者引用已发表作品。除了此处列举的四种媒体外,还应当包括网站。

(3) 报纸、期刊、广播电台、电视台等媒体刊登或者播放其他报纸、期刊、广播电台、电视台等媒体已经发表的关于政治、经济、宗教问题的时事性文章。这样的使用方式有其合理性，但也可能影响被转载之媒体的潜在市场，攫取著作权人的合法权益。因此，《著作权法》第 24 条第 1 款第 4 项的"但书"，给被转载媒体以支配权，即"但著作权人声明不许刊登、播放的除外"。

（4）报纸、期刊、广播电台、电视台等媒体刊登或者播放在公共集会上发表的讲话。此种合理使用形式与上一种合理使用形式类似，所以《著作权法》也作了"但书"规定，即"作者声明不许刊登、播放的除外"。

（5）为学校课堂教学或者科学研究，翻译、改编、汇编、播放或少量复制已发表作品，供教学或者科学研究人员使用，但不得出版发行。为了促进教育事业的发展，促进人民整体文化水平的提高，规定了科研或教学行为的合理使用。这种合理使用有四个限制条件：一是为学校课堂教学或者科学研究。二是使用行为仅限于翻译、改编、汇编、播放或少量复制。三是供教学或科研人员使用。四是不得出版发行。如果将其翻译的材料用于出版发行，其行为就不是合理使用，而是翻译行为。对他人作品进行翻译，应取得著作权人的许可，否则其行为构成对翻译权的侵犯。

（6）国家机关为执行公务在合理范围内使用已发表作品。一般情况下，国家机关使用他人已发表作品，也应当取得著作权人的许可，并按规定支付报酬。但是，国家机关为执行公务，在合理范围内使用已发表作品，就是合理使用。

第四类是为了促进作品的利用而对著作权人进行的限制。为介绍、评论某一作品或者说明某一问题，在作品中适当引用他人已发表作品。为了鼓励合理的评介行为，著作权法鼓励他人为介绍或评价某一作品而适当使用他人的作品。

《著作权法》规定的 12 种合理使用形式，可适用于对相关权的限制。但应当如何适用，则要视具体情况而定。

（二）法定许可

法定许可使用是指使用者不经著作权人许可而以盈利目的使用其作品并且

支付报酬的制度,其作用主要在于:对于某些对作品需求量大的特定主体,为了在不损害著作权人利益的情况下,提高他们使用作品的效率,节约与著作权人的沟通成本。法定许可制度与合理使用制度具有很大的相似性,二者的区别在于使用者、被使用的对象、使用目的、付费与否等(见表10-1)。

表10-1 合理使用与法定许可的区别

	合理使用	法定许可
使用者	不特定的任何人	特定的人:义务教育和国家规划教材的编写者;报刊社;录音制作者;广播电台、电视台
被使用的对象	任何作品	少数种类的作品:文字作品、音乐作品或者单幅美术作品、摄影作品、图形作品;报刊上登载的作品;合法录制在录音制品上的音乐作品、已经出版的录音制品
使用目的	以非营利为目的	以营利目的为主,个别使用可能不是营利目的,如广播电台的使用等
付费与否	不必支付报酬	应当支付报酬

我国法律共规定了6种法定许可,即《著作权法》中规定的"报刊转载""录音制品制作""播放作品""播放录音制品""教科书编写",以及《信息网络传播权保护条例》中规定的"课件制作"。

1. 关于报刊转载的法定许可

报刊转载的法定许可规定在《著作权法》第35条第2款,是指作品在报刊上刊登后,除著作权人声明不得转载、摘编外,其他报刊在按规定向著作权人支付报酬的前提下,可以转载或作为文摘、资料刊登。但是,我国著作权法对报刊转载的法定许可也进行了严格的限制,报刊转载法定许可仅限于报刊与报刊之间,且使用者不得侵犯著作权人的其他权利。网络环境下的转载和摘编行为,并不能适用法定许可。

2. 关于录音制品制作的法定许可

录音录像制品制作的法定许可规定在《著作权法》第42条第1款,即录音录像制作者使用他人作品制作录音录像制品，应当取得著作权人许可，并支付报酬。但在第 42 条第 2 款规定，录音制作者使用他人已经合法录制为录音制品的音乐作品制作录音制品，可以不经著作权人许可，但应当按照规定支付报酬；著作权人声明不许使用的不得使用。此外，依据《著作权法》第 43 条规定，录音录像制作者制作录音录像制品，还应当注意同表演者订立合同，并支付报酬。

3. 关于播放作品的法定许可

广播电台、电视台播放作品的法定许可规定在《著作权法》第 46 条，广播电台、电视台播放他人已经发表的作品，可以不经著作权人许可，但应当支付报酬。但需要注意的是，依据《著作权法》第 48 条规定，电视台播放他人的视听作品，应当取得视听作品著作权人许可，并支付报酬。

4. 关于播放录音录像制品的法定许可

依据我国《著作权法》规定，录音录像制品属于"与著作权有关的权利"客体，因此播放作品和播放录音录像制品法定许可之间予以区分。《著作权法》第 45 条规定，"将录音制品用于有线或者无线公开传播，或者通过传送声音的技术设备向公众公开播送的，应当向录音制作者支付报酬"。值得注意的是，《著作权法》第 48 条规定，电视台播放他人的录像制品，应当取得录像制作者许可，并支付报酬。

5. 关于编写出版教科书的法定许可

编写出版教科书的法定许可，是指为实施九年制义务教育和国家教育规划而编写出版教科书，可以不经著作权人许可，在教科书中汇编已经发表的作品片段或者短小的文字作品、音乐作品或者单幅的美术作品、摄影作品、图形作品，但应当按照规定支付报酬，指明作者姓名、作品名称，并且不得侵犯著作权人依照法享有的其他权利。该法定许可旨在促进国家规划教育的实施，同时作品不限于文字作品，而且对出版者、表演者、录音录像制作者、广播电台、电视台的权利同样适用。

6. 关于制作课件的法定许可

制作课件的法定许可规定在《信息网络传播权保护条例》第 8 条，通过信息网络实施九年制义务教育或者国家教育规划，可以不经著作权人许可，使用其已经发表作品的片段或者短小的文字作品、音乐作品或者单幅的美术作品、摄影作品制作课件，由制作课件或者依法取得课件的远程教育机构通过信息网络向注册学生提供，但应当向著作权人支付报酬。该法定许可可视为是为了促进网络环境下的国家规划教育所设。同时，该《保护条例》第 10 条对课件的使用范围进行了严格限制，制作和提供课件的教育机构必须对学生的身份进行审核。

（三）其他限制

对于作者权利的限制在著作权法中还有著作权穷竭、公共秩序保留、强制许可、对精神权利的限制。

1. 著作权穷竭

著作权穷竭，是指以销售方式将作品原件或复制件投放市场后，任何人不经著作权人许可，且不必向著作权人支付报酬，而继续发行销售该作品原件或复制件，不构成侵权。著作权穷竭主要针对发行权中的销售权，著作权穷竭不是著作权本身的终止，而是指著作权人对作品原件或者复制件的再销售权的丧失。

2. 公共秩序保留

公共秩序保留，就是对损害或危害国家利益、社会公共利益和善良风俗习惯的作品，著作权法不予保护的制度。此处所指的"法"，应当是广义的法，既包括法律、法规，也包括其他管理性规定。

3. 强制许可

强制许可，是指根据申请人的请求，国家版权管理部门违背著作权人意志，授权申请人利用其作品的制度。强制许可有严格的条件限制，被许可人应当按照规定向著作权人支付报酬，所获得的许可通常是非专有和不可转让的。目前，我国《著作权法》并没有关于强制许可的规定。

4. 对精神权利的限制

具体来说，对精神权利的限制有两种情形：

（1）对发表权的限制。对发表权的限制体现于两方面：一是违反法律规定的作品，禁止出版、传播；二是作者生前未发表的作品，如果作者未明确表示不发表的，作者死亡后 50 年内，其发表权可由继承人或者受遗赠人行使；没有继承人又无人受遗赠的，由作品原件的合法所有人行使。

（2）对修改权的限制。我国《著作权法》第 36 条第 2 款规定："报社、期刊社可以对作品作文字性修改、删节。"即是对修改权的一种限制。

二、著作权限制与企业知识产权运行战略管理的案例分析

企业著作权运行管理中适用著作权制度的最优情形，既保障著作权人利益，又能使社会公众利益最大化。而在技术变革的时代，内容生产者获取作品轻而易举，本部分将通过对著作权限制情形下，一些企业对其采取的战略管理实践进行说明。

（一）"疏"胜于"堵"："二次创作"的影视合作

2005 年年底，陈凯歌导演的《无极》，被自由职业者胡某二次剪辑成一部网络恶搞短片《一个馒头引发的血案》，该事件最终以胡某道歉结束，此后各类剪辑恶搞类短视频作品不断涌现。发展至今，影视行业短视频"二次创作"已成为行业发展中必不可少的链条之一，比如腾讯视频等平台有诸多创作者对影视作品进行"二次创作"。此外，短视频平台上还有大量视频博主不以营利为目的，出于爱好或者宣传自己"偶像"的目的进行影视作品剪辑。

意外的是，2021 年 4 月 23 日，腾讯等长视频平台与 70 多家影视传媒单位、500 多名从业者发布倡议书（以下简称为"倡议书"），聚焦影视行业"二次创作"等短视频领域侵权问题，呼吁保护影视作品版权。4 月 25 日，"500 多名艺人发声反对短视频侵权"的话题再度登上微博热搜。在"倡议

书"发布后,腾讯内容开放平台增加了"在线剪辑"功能,用户可以利用腾讯提供的正版视频进行影视剪辑。有相关人员从短视频账号运营者"金某影视"处获取的一份影视剪辑类账号"变现方法"中也看到,除教学收徒、出售账号、推广 App 等变现模式外,"影视推荐广告"也是其获得收益的方式之一。可见,部分影片方也已将短视频视为影视作品宣发的途径之一。实际上,2021 年的春节档,《你好,李焕英》《唐人街探案 3》等都把抖音等短视频平台视为重要的宣传发行阵地之一,并达成了合作。可见,"二次创作"短视频对影视作品的宣发效果。

值得反思的是,短视频产业与影视作品之间存在利益关系,但如何确保短视频运营与影视作品之间仅存互通合作,而非恶意侵权呢?

(二)数字时代博物馆合理使用作品的版权例外

习近平总书记强调,一个博物院就是一所大学校,要加强文物保护利用和文化遗产保护传承,提高文物研究阐释和展示传播水平,让文物真正活起来。❶ 在数字化浪潮来袭之际,科技的发展让代表传统文化和艺术的博物馆有了新一轮的生命力。不仅中国在发展数字化智能博物馆,甚至全球博物馆也在努力建设"新媒体"博物馆。❷ 博物馆的数字化突破,对文物的展示传播工作无疑是有益的,但这种建设也带来了博物馆使用作品的著作权侵权风险,而这种风险具有全球性特征。❸ 在风险的共性之下,衍生出三个问题:(1)博物馆对作品的使用是否符合著作权例外限制;(2)博物馆对作品的精神权利如何保护;(3)博物馆对作品的数字化开发享有何种权利。

其实在数字化、智能化博物馆构建的进程中,合理使用的版权例外制度不仅有了理论基础,也在具体的实践过程中有了缓和。2015 年,第三十八届

---

❶ 李瑞振. 不断拓宽"让文物活起来"的路径[N]. 人民日报,2022-05-17(09).

❷ 简·基德. 新媒体环境中的博物馆:跨媒体、参与及伦理[M]. 胡芳,译. 上海:上海科技教育出版社,2017:8.

❸ 吴汉东. 知识产权多维度学理解读[M]. 北京:中国人民大学出版社,2015:83.

联合国教科文组织大会正式通过《关于保护与促进博物馆和收藏及其多样性、社会角色的建议书》，倡议成员国在其各自管辖领域，通过立法或其他方式，来表明博物馆需要有多样化的方式来进行文化的传播和繁荣。因此，博物馆对作品的使用需要通过著作权例外限制，来防止博物馆侵权情况的发生。实践中，博物馆通过购买、接受捐赠、依法交换等方式取得藏品（此处主要指博物馆藏品中最为常见的雕塑、书画等美术类作品），无论博物馆以何种形式获得藏品，其仅是获得了藏品所有权的转移，基于版权不随作品原件所有权转移而转移的规则，其版权仍然应当适用"创作者为权利人"的版权归属一般性规则。❶ 例如，邱某某著作权侵权案中，被告就因原捐赠画作的原件转移不视为著作权转移为由，要求作为被告的博物馆承担侵权责任。❷ 但最终法院认为，我国著作权法以保护著作权为宗旨，鼓励有益于社会主义精神文明建设的作品创作和传播，从而促进文化事业的发展与繁荣，被告的行为，不仅是履行与原告父亲的协议，更为传播作品，故仅判决博物馆承担5000元的赔偿金额。❸

但这里面衍生出另一个问题需要回应，是否需要重视著作权人的著作人身权。例如，2010年，美国达拉斯艺术博物馆筹备了一次海滩艺术展，由于作品署名等原因，艺术家查普曼·凯利（Chapman Kelley）决定撤出艺术展，并要求博物馆退还其展出作品，但博物馆拒绝了其诉求。❹

此外，我国《著作权法》将"数字化"认定为复制行为的一种。但"数字化"并非单指复制行为，在数字化的过程中可能涉及再创作行为。这种再创作行为不仅关乎是否因产生侵权行为，而导致再创作作品无法积极使用，

---

❶ 张祥志，徐金辉. 红色革命博物馆资源数字化传播实践难题与治理优化［J］. 中国出版，2023（16）：61-66.
❷ 参见贵州省高级人民法院（2020）黔民终1141号民事判决书。
❸ 参见贵州法院2020年知识产权司法保护典型案例。
❹ Crews K D. Museum Policies and Art Images: Conflicting Objectives and Copyright Overreaching［J］. Social Science Electronic Publishing, 2012, 22: 795-834.

还涉及再创作的行为主体与著作权人的权利归属产生实践冲突。这种实践冲突主要在于博物馆文创产品的设计人员进行再创作后的作品是职务作品还是法人作品等。所以，这些均需要通过著作权管理来避免文化传播过程中传播者与使用者的侵权行为，促进著作权制度最终实现文化传播与繁荣的目的。

▶ **思考题**

1. 为何对著作权进行权利限制？
2. 著作权的权利授予与权利限制之间有何必要的政策联系？
3. 著作权权利限制如何对国家文化的发展进行推动？是否存在弊端？

第二节　标准必要专利与企业技术资产运行战略管理

近年来，计算机、互联网和电信的融合使得知识产权的竞争尤为激烈。这是因为诸如智能手机和平板电脑的多技术产品包含着涉及广泛的技术功能的数千项专利，这些专利被不同行业的许多不同参与者拥有，所有参与者通过竞争以获得不断增长的电信市场的份额。❶ 此外，所有设备正在越来越多地通过被标记为物联网（IoT）的无线功能（智能设备）实现电信功能，这反过来为非传统市场的电信参与者提供了新的机会。❷ 因此，技术融合创造了新的创新和市场，但也加剧了不同知识产权和商业规范的参与者的竞争。

一、标准必要专利的专利价值

存在争议的主要领域是ICT行业中的知识产权和技术标准❸，特别是对实施技术标准所必要的专利（标准必要专利）许可的定价。由于理论上可以

---

❶ 张祥志，徐金辉. 红色革命博物馆资源数字化传播实践难题与治理优化［J］. 中国出版，2023（16）：61-66.
❷ 参见贵州省高级人民法院（2020）黔民终1141号民事判决书。
❸ 参见贵州法院2020年知识产权司法保护典型案例。

将每个标准所必要的专利用于阻止或延迟实施，大多数标准制定组织（SSO）都制定了知识产权政策以按照公平、合理和无歧视性（FRAND）条款❶来管理标准所必要的专利的公开使用。这些政策旨在通过减少实施者之间对专利劫持的不确定性来促进标准的采纳和传播❷，这些实施者将在获得持有标准必要专利（SEP）的所有参与者的许可之前进行不可逆的特定标准的投资❸。因此，FRAND协议可被视为旨在通过确保获得专利技术但允许通过SSO之外的双边市场协商而解决的条款来解决专利劫持的瑕疵合同，从而减轻反垄断问题。

2013—2014年度，美国联邦法院系统颁布了若干法令，根据标准制定机构（SSO）的FRAND承诺，确定标准必要专利（SEP）的许可费费率。虽然这些案件没有苹果公司和三星公司之间的智能手机战那样广受关注，但这些案件意味着技术所有者和技术实施者之间通过标准必要专利的背景和他们获得许可所依据的FRAND协议，对电信价值链的利润分配所进行的日趋激烈的斗争达到巅峰。从下游制造的角度看，SEP是一个被最小化的成本，而对于上游技术提供商，SEP代表其研发投入的产出，他们希望从中获得最大的回报。价值链上这种垂直竞争的新模式为挑战传统的产业规范的新的商业模式和知识产权角色提供了空间。

为了防止专利劫持的可能性，标准制定组织（SSO）在其知识产权政策中已开始采用免许可费（RF）或所谓的FRAND承诺已经达成一段时间，其中专利持有人通过公平、合理以及无歧视的条款将SEP许可给SSO成员和第

---

❶ 即Fair, Reasonable, Non-discrimination。例如，欧盟、日本和韩国。

❷ 例如，日本经济产业省（METI）已制定《标准必要专利（SEP）许可诚信谈判指南》。该指南是日本政府制定的诚信谈判规范，参与SEP许可谈判的SEP持有者与实施者应遵守该规范。2014年欧盟委员会关于专利与标准的报告将"专利劫持"定义为"通过采用标准将实施者锁定在某种技术上，使专利持有人可以在发生此类锁定之前（事先）能通过协商要求得到的更高的许可费（事后）的情况"。

❸ 电气与电子工程师协会（Institute of Electrical and Electronics Engineers，IEEE）定义了必要的专利权利要求：[拟议的] IEEE标准批准时，在没有商业和技术上可行的非侵权替代方案时，为使创建[拟的] IEEE标准的规范性条款的强制性或可选部分的合规实施而必须使用其专利主张。参见IEEE-SA标准委员会附则。

三方成员。

我国《专利法》第 65 条就传统的专利侵权行为作出规定：未经专利权人许可、实施他人专利的行为属于侵权，对其采取的救济方式包括责令停止侵权行为和对专利权人进行侵权损害赔偿。然而，专利与标准结合后，专利的适用范围扩大、影响加深，法院基于社会公共利益的考量对停止侵权行为的判定多采取审慎态度，这在 2017 年北京市高级人民法院新修订的《专利侵权判定指南》（以下简称《指南》）中亦有所体现。《指南》第 149—153 条新增了解决标准必要专利中专利权人与标准实施者之间发生纠纷的处理规定，规定了对标准实施者停止侵权行为不予支持的两个条件，即专利权人故意违反 FRAND 许可义务和标准实施者无明显过错；同时其还要求专利权人对在标准制定过程中尽到披露义务和做出 FRAND 承诺进行自证，使得专利权人在举证责任分配上较为不利。此外，2015 年 12 月由国家知识产权局提交给国务院法制办的《专利法修改草案征求意见稿》第 85 条规定，参与国家标准制定的专利权人在标准制定过程中不披露其拥有的标准必要专利的，视为其许可该标准的实施者使用其专利技术。即该意见稿以默示许可为理论基础，彻底否定了标准必要专利权利人的禁令救济权，唯一需要满足的前提是，标准必要专利权利人在标准制定过程中，不披露其拥有的标准必要专利。我国《专利法》第 50 条和第 51 条还规定了开放专利许可制度，但并未规定标准必要专利的内容。概言之，我国法律对技术标准中的专利反向劫持行为适用禁令规定的条件颇为严格，主要采用侵权损害赔偿对专利权人进行补救，这在一定程度上使得标准实施者无须担心被勒令禁售而大胆实施专利侵权行为。

二、从美国高通标准必要专利布局看技术资产运营战略管理

华为诉 IDC 案[1]是我国法院审理并做出终审判决的第一个涉及标准必要

---

[1] 广东省高级人民法院（2013）粤高法民三终字第 305 号民事判决书。

专利的反垄断诉讼案件。该案是我国法院在标准必要专利案件中首次援引"FRAND原则"作为判决依据,也是首例因标准必要专利权人意图索取不合理之使用费而做出专利权人构成滥用市场支配地位的事实认定,因此在该类案件的判决中具有里程碑的示范意义。原告华为公司是无线通信设备生产商,被告IDC公司在无线通信技术领域拥有2G、3G、4G标准下的大量必要专利。原告与被告从2008年11月开始就涉案必要专利许可进行过多次谈判,但因被告索求的许可费大大高于其授权苹果和三星等企业的许可费而未能达成协议。2011年7月,IDC公司将华为诉至美国国际贸易委员会和联邦法院,请求发布禁令和停止侵权行为。2011年12月6日,华为公司向广东省深圳市中级人民法院提出两起诉讼,一起请求法院判令停止IDC公司滥用市场支配地位行为,并请求损害赔偿;另一起请求法院按照公平原则判定IDC公司的专利许可费。

该案涉及的关键点主要在于:IDC公司标准必要专利许可市场垄断地位的确定;IDC公司标准必要市场支配地位/专利权滥用的认定。在华为诉IDC案中,为了评估符合FRAND原则的标准必要专利许可使用费,一审和二审法院主要考虑了以下三个政策因素:(1)总量控制。所谓总量控制,是指标准必要专利许可使用费不能超过标准必要专利使用者所获产品利润一定的比例。(2)专利劫持。虽然一审和二审法院都没有明确使用"专利劫持"这一概念,但两审法院都认为标准必要专利权人不应当从标准本身获得利润,其贡献在于创新技术而不是其专利的标准化。也就是说,两审法院实际上都认为符合FRAND原则的标准必要专利许可使用费应当防止专利劫持现象的发生。(3)专利许可使用费堆叠。所谓专利许可使用费堆叠,是指标准使用者为一个标准支付给不同的标准必要专利权人许可使用费的现象。华为诉IDC案一审和二审法院都认为,一个标准或者技术规程包含许多标准必要专利,任何一个标准必要专利权人都只能获得其应得的许可使用费。

► 思考题

1. 你对我国标准必要专利的立法规定持何种态度？
2. 标准必要专利与开放专利许可之间有关联吗？为什么？
3. 中国企业如何通过标准必要专利进行下一步战略实施？

第三节　商标使用与品牌运营战略

一、商标使用与品牌成长

品牌是在市场中强大的，商标是在使用中知名的，两者遵循"用进废退"规律。国际知名品牌是在激烈商战中厮杀的胜出者，大多历经岁月洗礼。世界品牌实验室（Word Brand Lab）每年末都会发布年度《世界品牌500强》，入选榜单的知名品牌平均年龄大多在100年以上，每年的百岁品牌均在200个以上。2013—2022年数据，如表10-2所示。

表10-2　世界品牌500强平均年龄以及百岁品牌数量

年份	2013	2014	2015	2016	2017	2018	2019	2020	2021	2022
平均年龄/岁	98.71	97.38	100.71	93.71	100.19	100.14	101.94	96.76	97.65	98.22
百岁品牌/个	217	212	210	206	216	213	217	213	218	222

品牌强大具体体现为商标知名，而品牌的成长主要依赖商标的使用。可以说，注册商标的使用过程就是商誉的积累过程，是品牌的成长过程。商标的使用分为自我使用和他人使用两大类，后者又分为商标许可和商标转让。商标的使用是指将商标用于商品、商品包装或者容器以及商品交易文书上，或者为了商业目的将商标用于广告宣传、展览以及其他业务活动。商标使用的方式很多，既包括商标直接附着于商品、商品包装或者容器上的使用，即

直接使用，也包括商标在商业广告、产品说明书等其他商业文件中的使用，即间接使用。对服务商标来说，在服务场所、服务招牌、服务工具和为提供服务所使用的其他物品上使用商标，均视为使用。商标使用既可以是注册商标人的自行使用，也可以是第三人被许可使用。商标权人有使用商标的义务，因为如果商标权人自己将注册商标长期搁置不用，则不仅使法律授予的权利虚置，商标的价值无从实现，而且阻碍了他人的使用，影响正常的市场竞争。对此，我国《商标法》第 49 条规定：注册商标成为其核定使用的商品的通用名称或者没有正当理由连续三年不使用的，任何单位或者个人可以向商标局申请撤销该注册商标。商标局应当自收到申请之日起 9 个月内做出决定。有特殊情况需要延长的，经国务院工商行政管理部门批准，可以延长 3 个月。据统计，2017—2019 年因三年不使用而被撤销的注册商标逐年增加，2017 年为 28 505 件，2018 年为 43 676 件，2019 年为 72 173 件。❶

使用商标不管是直接用于商品，还是以促销为目的用于广告宣传、商业文书中，都应遵守法律规定，符合商业惯例并考虑到有利于商标权的保护。具体地说，应注意以下三点：（1）注册商标的使用限定在核准注册的商标标志和核定使用的商品或服务上，商标注册人不得自行作出改变，否则，其使用不被视为注册商标的使用。依据我国商标法的规定，自行改变注册商标的，该注册商标还有被撤销的危险。（2）使用注册商标时应尽量加注册标志。使用注册商标应当标明"注册商标"字样或者标明注册标记。在商品上不便标明的，应当在商品包装或者说明书以及其他附着物上标明。标明注册标记，有利于防止侵权行为，当发生侵权时，容易证明侵权人的主观意图，还有助于防止商标变为商品通用名称。（3）防止商标显著特征的退化。商标所有人的不恰当使用有可能导致商标演变为商品通用名称，尤其是在一种新产品问世，没有其他名称可以用来称呼产品的情况下，商标被用来当作商品的名称，更容易造成商标退化。防止商标退化的有效方法首先是将产品名称和商标区

---

❶ 徐建宏，徐婵媛. 品牌视角下商标的注册与使用［J］. 中华商标，2020（5）：21.

分开来，避免将商标作为产品名称使用。其次，应当正确使用商标，例如，以特别字体使用商标，突出商标和注册标记，以表明该标记是一个商标而不是其他。此外，应注意保存商标使用的相关证据，诸如显示商标最早使用时间、商品销售量和销售额、商标广告宣称情况的发货单、销售合同等，在发生侵权或其他纠纷时，这些都可以作为使用的证据。

二、商标许可与品牌发展

商标权的许可，是指注册商标所有人允许他人在一定期限内使用其注册商标。使用许可关系中商标权人为许可人，使用注册商标的为被许可人。使用许可关系建立以后，商标权人并不丧失该注册商标专用权，被许可人只取得注册商标的使用权。许可权是商标权的一项重要内容，没有这一权利，商标权作为一种"产权"是不完整的。同时它又是一项从属的权利，是从专用权派生出来的一项权利，商标权人可以行使也可以不行使。

使用许可并非一开始就得到法律认可的。作为一种用来区分来源的标志，商标天生忌讳不同主体同时使用，允许他人使用就无法起到区别作用。在这一点上，商标不同于专利，专利的实施依赖于有实施能力的经营者，专利权人特别是专利的发明人往往需要寻找合作伙伴，实施许可是专利权行使的重要方式。后来，随着商标的经济作用的扩展，商标权使用许可得到法律允许，已成为实现商标财产价值的手段之一。

三、商标转让与品牌流转

商标权的转让，是指注册商标所有人将其所有的注册商标转让给他人所有。转让关系成立后，受让人成为新的商标权人，原商标权人不再拥有注册商标所有权。转让是继受取得商标权的重要途径。商标权的转让有两种方式：一种是与商标所有人的企业或企业信誉一起转让，称为连同转让；另一种是商标脱离原企业和经营整体而单独转让，称为单独转让。商标的单独转让曾是受限制的。当商标主要用来作为区别来源的标志时，是不允许单独转让的，这是因为担心对消费者造成欺骗。一些国家法律规定，商标的转让只有与其所属企业或商誉同时转让方为有效。现代各国商标法均已突破连同转让之限制，允许商标的单独转让，这是因为商标已从表示商品来源的标记演进为一种重要的财产权益，商标权的转让、使用许可是商标所有人行使财产权利，满足经济利益的重要方式。从消费者角度而言，更关心的是商品的质量，而不是商品的生产者，只要商品或者服务的质量没有发生变化，经营者即使有所变更，也同样予以认可。可以说，商标的单独转让是商标功能扩展的结果。《知识产权协定》承认商标权的单独转让，其中第 21 条规定，成员可以决定商标的许可和转让的条件，应当理解为不允许商标的强制许可，且注册商标所有人应当有权将其商标与其使用商标的所属业务一并转让或者单独转让。我国商标法对转让的方式未作限制，这就意味着注册商标可以脱离原经营者而单独转让。

注册商标的转让是商标权的变动，由商标权的无形财产性所决定，权利转让须经过公示。我国《商标法》第 42 条规定，转让注册商标的，转让人和受让人应当签订转让协议，并共同向商标局提出申请。转让注册商标经核准后，予以公告。受让人自公告之日起享有商标专用权。

四、商标质押与品牌变现

商标质押是品牌资产价值的重要实现方式。商标权质押，是指商标注册人以债务人或者担保人身份将自己所拥有的、依法可以转让的商标专用权作为债权的担保，当债务人不履行债务时，债权人有权依照法律规定，以该商标专用权折价或以拍卖、变卖该商标专用权的价款优先受偿。质押是担保的一种方式，按照质押物的不同种类，可将质押分为动产质押、不动产质押及权利质押。我国《担保法》第 75 条规定了可以质押的权利，其中第（三）项是"依法可以转让的商标专用权，专利权、著作权中的财产权"，商标专用权的质押属于权利质押。

根据我国《担保法》第 75 条的规定，对商标权进行质押需要满足的条件是"依法可以转让"。商标权是否可以依法转让应注意以下几个问题：（1）出质商标应当是有效的注册商标。因此应该了解清楚质押商标是否在注册有效期内，是否已被注销、撤销、宣告无效而丧失商标专用权。（2）没有"限制转让"情形存在。被人民法院查封的商标，在查封期内，人民法院限制该商标转让、许可或质押，因此不能办理质押。已办理过质押登记的商标，在其剩余价值内不足再次质押时，也不能办理质押登记手续。在再次质押时，后位质权人只能在先位质权人得到清偿后才能受偿。（3）对同一注册人在与质押商标相同或类似商品或服务上注册的相同或近似商标应一并办理质押登记。按照《商标法实施条例》第31条第2款规定，"转让注册商标，商标注册人对其在同一种或者类似商品上注册的相同或者近似的商标未一并转让的，由商标局通知其限期改正；期满未改正的，视为放弃转让该注册商标的申请，商标局应当书面通知申请人"，因此在办理质押登记申请时，同一注册人在与质押商标相同或类似商品或服务上注册的相同或近似商标应一并办理质押登记，以保证质押商标可以依法转让，从而保证质权人在债务人不履行债务时可以将质押权利变现以优先受偿。

▶ **思考题**

1. 为何商标使用是品牌战略的核心内容？
2. 如何通过商标使用促进品牌产业的发展？

第十一章 企业知识产权保护战略管理

教学目标：
1. 了解著作权保护的战略管理对企业核心版权产业运营的重要性；
2. 了解专利权保护对企业技术生命战略管理的布局影响；
3. 了解商标权保护对企业品牌培育战略国内外布局的重要性。

第一节 著作权保护与企业核心版权产业战略管理

著作权的权利保护与企业核心版权产业的发展密不可分。按照 WIPO 的界定，版权产业是指版权可发挥显著作用的产业，是国民经济中与版权相关的诸多产业部门的集合，这些产业部门的共同特点是以版权制度为存在基础，发展与版权保护息息相关。按 WIPO 指南的思路，核心版权产业与其他类别的版权产业的重要区别是其直接依赖于版权保护。没有版权保护，核心版权产业将不会作为一个种类而存在；即便存在，其产业面貌也将大为不同。与此形成鲜明对比的是，其他门类的版权产业并不直接依赖版权保护。核心类版权产业是最为重要的版权产业门类，是衡量整体版权产业对国民经济贡献的主要参照，各国有关调查均将其作为重中之重。❶ 因此，本节需要了解著作权侵权的认定，以期为企业核心版权产业的发展起到警示和救济作用。

---

❶ 参见国家版权局历年《中国网络版权产业发展报告》中的概念体系界定。

一、著作权侵权行为的认定

(一) 著作权侵权的概念和特征

著作权侵权行为,是未经著作权人或者相关权人许可,擅自实施其权利,使用其作品,依法应当承担法律责任的行为。著作权侵权行为具有侵权对象多重性、侵权行为违法性、侵权行为多样性等特征。

(二) 著作权侵权行为的分类

著作权侵权行为可以分为直接侵权和间接侵权两种。直接侵权是指侵权主体直接侵犯受著作权法保护的作品。间接侵权则是指为侵权行为提供便利条件,从而对著作权造成侵害。举例来说,在玄霆娱乐公司诉百度公司等侵犯著作权纠纷案中,原告享有权利的作品《斗破苍穹》《凡人修仙传》等被盗版网站侵权。❶ 其中,直接提供盗版小说的网站构成直接侵权,而百度作为搜索引擎,主观上放任侵权的发生,客观上扩大了侵权行为的损害后果,其行为构成间接侵权。

我国立法对于著作权直接侵权行为做了极为详细的规定,按照侵权行为的严重程度和可能承担的责任类型将侵权行为分为两类,分别规定于《著作权法》第52条、第53条。其中第52条规定了仅承担停止侵害、消除影响、赔礼道歉、赔偿损失等民事责任的侵权行为:

(1) 未经著作权人许可,发表其作品的;

(2) 未经合作作者许可,将与他人合作创作的作品当作自己单独创作的作品发表的;

(3) 没有参加创作,为谋取个人名利,在他人作品上署名的;

(4) 歪曲、篡改他人作品的;

(5) 剽窃他人作品的;

---

❶ 参见上海市卢湾区人民法院 (2010) 卢民三 (知) 初字第61号民事判决书;上海市第一中级人民法院 (2011) 沪一中民五 (知) 终字第141号民事判决书。

（6）未经著作权人许可，以展览、摄制视听作品的方法使用作品，或者以改编、翻译、注释等方式使用作品的，《著作权法》另有规定的除外；

（7）使用他人作品，应当支付报酬而未支付的；

（8）未经视听作品、计算机软件、录音录像制品的著作权人、表演者或者录音录像制作者许可，出租其作品或者录音录像制品的原件或者复制件的，《著作权法》另有规定的除外；

（9）未经出版者许可，使用其出版的图书、期刊的版式设计的；

（10）未经表演者许可，从现场直播或者公开传送其现场表演，或者录制其表演的；

（11）其他侵犯著作权以及与著作权有关的权利的行为。

与第 52 条规定的侵权行为相比，第 53 条列举的侵权行为不仅给著作权人或者相关权人造成财产损失，而且可能损害公共利益，情节严重的，甚至可能构成犯罪。因此，法律规定，实施该种行为的自然人、法人或者非法人组织，不仅要依法承担民事责任，而且要承担行政责任或刑事责任，以保护个人利益、公共利益和国家利益。这种侵权行为共有 8 项，具体为：

（1）未经著作权人许可，复制、发行、表演、放映、广播、汇编、通过信息网络向公众传播其作品的，《著作权法》另有规定的除外；

（2）出版他人享有专有出版权的图书的；

（3）未经表演者许可，复制、发行录有其表演的录音录像制品，或者通过信息网络向公众传播其表演的，《著作权法》另有规定的除外；

（4）未经录音录像制作者许可，复制、发行、通过信息网络向公众传播其制作的录音录像制品的，《著作权法》另有规定的除外；

（5）未经许可，播放、复制或者通过信息网络向公众传播广播、电视的，《著作权法》另有规定的除外；

（6）未经著作权人或者与著作权有关的权利人许可，故意避开或者破坏技术措施的，故意制造、进口或者向他人提供主要用于避开、破坏技术措施的装置或者部件的，或者故意为他人避开或者破坏技术措施提供技术服务的，法律、行政法规另有规定的除外；

（7）未经著作权人或者与著作权有关的权利人许可，故意删除或者改变作品、版式设计、表演、录音录像制品或者广播、电视上的权利管理信息的，知道或者应当知道作品、版式设计、表演、录音录像制品或者广播、电视上的权利管理信息未经许可被删除或者改变，仍然向公众提供的，法律、行政法规另有规定的除外；

（8）制作、出售假冒他人署名的作品的。

二、著作权侵权行为的法律责任

著作权侵权行为的法律责任，是指侵权人违反《著作权法》规定，对他人著作权造成侵害时所应承担的法律后果。根据我国《著作权法》规定，侵权者应当承担的法律责任包括民事责任、刑事责任、行政责任三类。

（一）民事责任

著作权属于一项民事权利。因此，侵权行为人首先应承担民事责任。具体承担方式则有以下三种：

（1）停止侵害，即责令侵权行为人立刻停止其侵权行为。停止侵害直接目的是防止侵害的进一步扩大。停止侵害并不要求侵害人主观上存在过错，对于善意的侵权人，只要在客观上损害了权利人的著作权，著作权人就有权要求其停止侵害行为。

（2）消除影响，公开赔礼道歉。这一非财产性的责任承担方式主要应对著作人身权遭受侵害的情况。消除影响或公开赔礼道歉的择一适用，具体应与著作人身权遭受侵害的范围大小相适应。应注意的是，此处的赔礼道歉应是在一定场合公开道歉或者借助媒体进行的道歉。

（3）赔偿损失，即责令侵权行为人对受害人造成的损失进行经济补偿。这一责任承担方式主要适用于著作财产权受到侵害的情况。根据《著作权法》第54条，损失赔偿具体数额的确定有一定的步骤性。首先，应填补著作权人的实际损失。其次，在损失难以确定时，按照侵权人违法所得给予赔偿。

最后，如果权利人的实际损失或侵权人的违法所得难以计算的，可以参照该权利使用费给予赔偿。当权利人的实际损失、侵权人的违法所得、权利使用费难以计算的，由人民法院根据侵权行为的情节，判决给予 500 元以上 500 万元以下的赔偿。

需要注意的是，依据《著作权法》第 54 条第 1 款规定，对故意侵犯著作权或者与著作权有关的权利，情节严重的，可以在按照权利人的实际损失、侵权人的违法所得、权利使用费确定数额的 1 倍以上 5 倍以下给予赔偿。但是适用法定赔偿的情况下，则不再同时适用惩罚性赔偿。

(二) 刑事责任

我国《著作权法》虽未规定刑事责任条款，但我国《刑法》第 217 条、第 218 条明确规定了侵犯著作权罪和销售侵权复制品罪，对于部分著作权侵权行为进行刑事制裁。

(1) 侵犯著作权罪。侵犯著作权罪，是指以营利为目的，违反著作管理法规，未经著作权人许可，侵犯他人的著作权，违法所得数额较大或者有其他严重情节的行为。例言之，利用作品发布时间差盗版漫画牟利就属于典型的侵犯著作权罪：2017 年开始提供《航海王》《排球少年》中文漫画的"鼠绘译制组"，其直接负责人王某于 2019 年因侵犯著作权罪被判处有期徒刑三年，缓刑三年，并处罚金 8 万元。❶

(2) 销售侵权复制品罪。我国《刑法》第 218 条规定："以营利为目的，销售明知是本法第二百一十七条规定的侵权复制品，违法所得数额巨大的，处三年以下有期徒刑或者拘役，并处或者单处罚金。"

(三) 行政责任

行政责任，指著作权行政管理机关依照法律规定，对侵犯著作权的行为人给予的行政处罚。著作权行政管理部门追究行政责任的具体方式主要包括：(1) 警告；(2) 责令停止制作和发行侵权复制品；(3) 没收非法所

---

❶ 林中明，吕亚南. 利用"时间差"链接漫画资源牟利 [N]. 检察日报，2020-05-07 (4).

得；（4）没收侵权复制品；（5）没收侵权复制品的制作设备；（6）罚款。

三、著作权纠纷的处理

随着知识产权纠纷的快速增长，知识产权多元纠纷解决机制越发受到重视。换言之，诉讼并非解决知识产权纠纷的唯一途径，国家提倡权利人通过各种方式解决知识产权纠纷。在著作权领域，我国《著作权法》第60条明确规定了调解、仲裁、诉讼三种最主要的纠纷解决方式，除此之外还可能存在自力救济的和解方式和向行政管理部门投诉等。

（一）调解

调解是指中立的第三方在当事人之间调停疏导，帮助交换意见，提出解决建议，促成双方化解矛盾的活动。根据主体的不同，调解可分为司法调解、行政调解和人民调解三类。一直以来，我国深受"和为贵"的传统文化的影响，纠纷双方往往不愿以"正面冲突"的方式解决问题。调解则以其主动性、低成本、自愿性、保密性与灵活性等优势在纠纷解决机制中占据极为重要的地位。

（二）仲裁

仲裁，是仲裁机构根据当事人的请求，对其请求处理的事项，根据事实并依据法律规定，公平合理地作出具有法律约束力的裁决的方式。

著作权纠纷当事人向仲裁委员会就其纠纷申请仲裁的，应当有书面仲裁协议或者仲裁条款。仲裁协议包括合同中订立的仲裁条款和以其他书面方式在纠纷发生前或者纠纷发生后达成的仲裁协议。没有仲裁协议或者仲裁条款，当事人请求仲裁的，仲裁委员会不予受理。

（三）诉讼

根据我国法律规定，当事人之间因著作权发生纠纷可以直接向人民法院起诉。与其他纠纷解决方式相比，诉讼具有高度的权威性和公正性，可以给予权利人相对充足的救济。权利人通过诉讼方式解决著作权纠纷，还有一个明显的优势在于权利人可通过著作权明确规定的三类诉前临时措施，即诉前禁令、诉前财产保全、诉前证据保全来确保权利人遭受侵权不利后果的有效救济。诉前临时措施具体包括诉前禁令、诉前财产保全、诉前证据保全三类。

四、著作权保护与企业核心版权产业的发展意义

本部分依托国家版权局每年发布的《中国网络版权产业发展报告》来总体和列举说明著作权保护对企业核心版权产业发展的重要性。该报告指出，2021年6月正式生效的新《著作权法》完善了作品的定义和类型，也加大了侵权处罚力度。引入侵权惩罚性赔偿制度，大幅提高侵权违法成本，将赔偿上限提升10倍，加强了对于创作者的保护，这一重大决策部署保障了版权产业生态更为规范有序地发展。因此，在面对层出不穷的新技术、新业态和新产业时，亟须著作权制度发挥全方位、全链条的保护。下面将通过两个案例予以说明。

（一）人工智能生成内容的著作权保护

2023年11月27日，北京互联网法院针对一起人工智能生成图片著作权侵权纠纷案作出一审判决，认为涉案人工智能生成图片（以下简称"涉案图片"）具备"独创性"要件，体现了人的独创性智力投入，应当被认定为作品，受到著作权法保护。[1] 该案判决已生效。

法院审理的思路在于，涉案图片虽系软件StableDiffusion生成，但在涉案图像生成过程中对于模型类型、正反提示词、绘画参数等的选择设置体现出个性化创作贡献，并向法庭提交了再现涉案图片生成过程的视频。其中有原告的参与，并非软件完全自动生成，故而需要人类起主要作用。

而2023年8月18日，美国哥伦比亚特区法院豪厄尔（Howell）法官基于"版权法仅对自然人进行财产权激励""版权法渊源表明作者身份等同于人类创作""联邦最高法院一直坚持人类作者的要求"三点理由，重申了美

---

[1] 参见北京互联网法院（2023）京0419民初11279号民事判决书。

国版权法"只保护人类作者身份，不对纯机器生成内容加以保护"的论断，对"完全由 AI 生成的内容能否获得版权"进行了否定回答。

（二）NFT 著作权侵权案❶

2023 年 4 月，我国首例 NFT 著作权侵权案判决。在该案中，法院重点探索了三个方面的内容：（1）对 NFT 以及 NFT 数字作品的性质进行明确；（2）将 NFT 交易的行为认定为信息网络传播行为；（3）明确了 NFT 交易平台服务提供者应负有注意义务，否则将承担侵权责任。因此，可以明确的是，NFT 作为数字美术作品，受到著作权法的保护。但该案中，也将引发如下思考，即 NFT 类数字作品的交易行为如何界定，能否适用首次销售原则？❷

NFT 类数字作品是否适用首次销售原则，将有助于厘清 NFT 类数字作品中著作权侵权与物权转移的法律难题。否则，在 NFT 类数字作品流转过程中，将不可避免涉及复制权（虽然法院认为该权利已经被信息网络传播权吸收）。

通过上述两个案例可以发现，著作权法的保护将会对新技术类的版权产业发展产生影响。因此，《著作权法》才会在第三次修订的过程中，对于著作权保护的客体对象，具体侵权行为的定性采取审慎的态度，以应对未来可能对企业核心版权产业造成影响的侵权猖獗问题。

▶ **思考题**

1. 《著作权法》规定的著作权侵权行为有哪些？
2. 企业核心版权产业的发展与著作权保护的关联性有多少？

---

❶ 参见上海市高级人民法院（2008）沪高民三（知）终字第 26 号民事判决书。

❷ 首次销售原则，即针对著作财产权中的发行权进行权利限制的原则，故称为"发行权一次用尽原则"，又被称作"权利穷竭原则"。该原则确立于 1908 年美国 Bobbs‐Merrill Co. v. Straus 案。参见周澎. 非同质化代币交易中我国首次销售原则的适用困境与纠偏——兼评"胖虎打疫苗"案[J]. 法律适用，2023（8）：156-164.

第二节　专利权保护与企业技术生命战略管理

企业生命周期理论创立者伊查克·爱迪思（Ichak Adizes）按灵活性和可控性将企业的生命周期划分为"三个阶段十个时期"❶。从企业生存发展的角度，考察并动态评价企业专利权保护对企业技术生命战略管理的影响，探讨深层因素和关键点，是寻求企业技术发展的修炼之径。

一、专利侵权行为的概念和构成要件

专利侵权行为，是指在专利权有效期内，行为人未经许可，以营利为目的实施他人专利的行为。

我国《专利法》第65条规定，未经专利权人许可，实施其专利的行为，即侵犯专利权的行为。由此可见，构成专利侵权行为应同时具备以下条件：（1）侵害的行为对象是有效的专利；（2）必须实施侵害行为；（3）以生产经营为目的；（4）侵权人的主观过错。侵权人主观上的过错包括故意❷和过失。所谓故意，是指行为人明知自己的行为侵犯了他人的专利权，却依旧实施该行为。如侵害人明知某产品被赋予专利权，却仍以生产经营的目的制造、销售该专利产品。过失则是指行为人并非基于主观意愿，处于疏忽或过于自信的意志下实施他人专利权，导致侵权结果的发生。如发明创造人不知自己独立完成的发明创造与已被授予专利权的发明创造相同，而使用或转让该发明创造的行为。

二、专利侵权行为的种类

对专利侵权行为根据不同的标准，从不同的角度，可以作不同的划分。

---

❶ "三个阶段"即出生与成长阶段、盛年阶段、衰亡阶段；"十个时期"即孕育期、婴儿期、学步期、青春期、盛年期、稳定期、贵族期、官僚化早期、官僚期和死亡期。

❷ 依据《专利法》第71条之规定："对故意侵犯专利权，情节严重的，可以在按照上述方法确定数额的一倍以上五倍以下确定赔偿数额。"

通常依据侵权行为是否由行为人本身的行为所造成,将专利侵权行为划分为直接侵权行为和间接侵权行为。

(一)直接侵权行为

所谓直接侵害专利权行为是指专利侵权行为是由行为人本身的行为所造成的。依据我国《专利法》及有关司法解释之规定,直接侵害专利权行为大体有以下几种。

1. 制造专利产品的行为

不论制造者是否知道是专利产品,也不论制造者使用什么方法,只要未经许可,为生产经营目的制造了专利产品,均为专利侵权行为。

2. 故意使用发明或实用新型专利产品的行为

即侵权人知道或者应该知道该产品是未经专利权人许可制造的侵权产品,而仍然以生产经营为目的购买使用。

3. 故意销售他人专利产品的行为

即侵权人知道或者应该知道该产品是未经专利权人许可制造的侵权产品,而仍然以生产经营为目的有偿转让专利产品所有权的行为。

4. 进口他人专利产品的行为

即侵权人知道或者应该知道该产品是未经专利权人许可制造、销售的侵权产品,而以生产经营为目的将该产品从国外进口到中国。

5. 使用他人专利方法及使用、许诺销售、销售、进口依照专利方法直接获得的产品的行为

这些行为通常是"专利方法"的禁止性行为,包括使用、使用该专利方法并获得产品的许诺销售、销售、进口四种通过该专利方法直接获得产品的行为。

前述5种可归类为未经专利权人的许可而实施该专利的侵权行为,但我国《专利法》第77条规定,为生产经营目的使用、许诺销售或者销售不知道是未经专利权人许可而制造并售出的专利侵权产品,能证明该产品合法来源的,不承担赔偿责任。

6. 假冒他人专利的行为

我国《专利法》第 68 条规定，假冒专利的，除依法承担民事责任外，由负责专利执法的部门责令改正并予公告，没收违法所得，可以处违法所得 5 倍以下的罚款；没有违法所得或者违法所得在 5 万元以下的，可以处 25 万元以下的罚款；构成犯罪的，依法追究刑事责任。假冒专利，即在自己非专利产品的广告宣传、产品装潢上等，利用他人专利产品的专利标记或专利号，使大众相信该产品是具有专利的产品。该行为将直接侵害专利权人利益，严重损害消费者利益，并且扰乱市场正常秩序，产生较大的社会危害。

（二）间接侵权行为

我国现行《专利法》并未规定间接侵权行为的法律制裁措施，但我国《民法典》中的共同侵权为法院审理专利间接侵权案件提供了法律依据。最早 1986 年《民法通则》第 130 条规定："二人以上共同侵权造成他人损害的，应当承担连带责任。"随后，1988 年最高人民法院《关于贯彻执行〈中华人民共和国民法通则〉若干问题意见（试行）》第 148 条第 1 款进行了释义："教唆、帮助他人实施侵权行为的人，为共同侵权人，应当承担连带民事责任。"最终，《民法典》在"民事责任"专章项下第 178 条规定："二人以上依法承担连带责任的，权利人有权请求部分或者全部连带责任人承担责任。"间接侵权行为是指行为人本身的行为并不构成对专利权的侵害，而是诱导、怂恿、教唆别人实施他人专利，从而发生侵害专利权的行为。

间接侵权行为的主要特征包括主观与客观要件，主观上，行为人应当存在诱导、怂恿、教唆他人侵犯专利权的故意；客观上，应当为直接侵权行为的发生提供了必要的条件；法律后果上，间接侵权行为的后果导致了直接侵权行为并获得一定的不法利益，致使专利权利益受损。常见的间接侵权行为包括：行为人销售专利产品的零部件或者专门用于实施专利产品的模具，或者用于实施专利方法的机器设备；[1] 或者行为人未经专利权人授权而许可或

---

[1] 北京市高级人民法院（2017）京民终 454 号民事判决书。

者委托他人实施专利。❶

三、专利权的法律保护

对侵害专利权的行为，专利权人或者利害关系人可以就侵权行为与侵权人进行协商解决；不愿协商或者协商不成的，可以请求专利管理机关依行政程序进行处理；也可以直接向人民法院起诉。专利权的具体保护方式包括民事保护、行政保护和刑事保护三种。此外，为了有效保护专利权人的合法权益，我国《专利法》还规定了"诉前临时禁令"。

（一）诉前临时禁令

我国《专利法》第72条规定，专利权人或者利害关系人有证据证明他人正在实施或者即将实施侵犯其专利权的行为，如不及时制止将会使其合法权益受到难以弥补的损害的，可以在起诉前向人民法院申请采取责令停止有关行为和财产保全的措施。提出申请人包括专利权人和利害关系人，利害关系人主要包括专利实施许可合同的被许可人、专利财产权利的继承人等。申请人提出申请应当向有专利侵权案件管辖权的人民法院递交书面申请状，并载明当事人及其基本情况、申请的具体内容、范围和理由等事项并应提交相关证据和提供担保。

（二）民事保护

侵犯专利权引起纠纷的，当事人可协商解决；不愿协商或协商不成的，专利权人或者利害关系人可以向人民法院起诉。人民法院经审理确认被告构成侵权时，则依法追究侵权人以下民事责任。

1. 责令侵权人立即停止侵权行为

《专利法》第65条规定："管理专利工作的部门处理时，认定侵权行为

---

❶ 山西省太原市中级人民法院（1993）法经初字第27号民事判决书、山西省高级人民法院（1993）晋经终字第152号民事判决书。山西省高级人民法院二审判决认为："被上诉人太原电子系统工程公司主观上具有帮助他人直接侵权的故意，而且该行为与直接侵权有明显因果关系，故以专利间接侵权论，而另一被上诉人阳泉煤矿电子设备二厂主观上不具有侵犯专利权的明显故意，故减轻处罚。"

成立的，可以责令侵权人立即停止侵权行为，当事人不服的，可以自收到处理通知之日起十五日内依照《中华人民共和国行政诉讼法》向人民法院起诉；侵权人期满不起诉又不停止侵权行为的，管理专利工作的部门可以申请人民法院强制执行。"此停止侵权行为的救济措施可以防止侵权人因继续进行的侵权行为扩大侵权后果，避免严重利益损失的出现。一般情况下，此措施是优先适用的措施。

2. 责令侵权人赔偿相应损失

《专利法》第71条规定，损失数额可依照四种方式进行确定，即实际损失数额、侵权所获利益、许可使用费的合理倍数、法定赔偿数额。此外司法实践中通常难以确定具体数额，因而法官采取酌定赔偿。❶ 该损失赔偿的救济目的在于弥补专利权人或者利害关系人的损失。

3. 没收侵权人违法所得的产品或利益

《专利法》第68条明确指出，"假冒专利的，除依法承担民事责任外，由负责专利执法的部门责令改正并予公告，没收违法所得"。这种制裁措施，是为了防止专利权人的不当获益受到法律保护，防止侵权人继续实施侵权行为。

4. 消除影响

依我国《民法典》第179条之规定，自然人、法人和非法人组织的专利权受到侵害的，有权要求消除影响。这一规定的目的在于恢复专利产品的信誉，消除由于专利侵权所造成的不良影响。

（三）行政保护

根据我国《专利法》第65条和第68条之规定，我国专利行政保护的方式包括：（1）责令侵权人停止侵权行为；（2）调解；（3）责令改正、没收违法所得、罚款。

---

❶ 曹新明. 我国知识产权侵权损害赔偿计算标准新设计［J］. 现代法学，2019，41（1）：110-124.

此外，管理专利工作的部门也不得参与专利的经营活动，《专利法》第79条规定："管理专利工作的部门不得参与向社会推荐专利产品等经营活动。管理专利工作的部门违反前款规定的，由其上级机关或者监察机关责令改正，消除影响，有违法收入的予以没收；情节严重的，对直接负责的主管人员和其他直接责任人员依法给予处分。"

（四）刑事保护

我国《专利法》及《刑法》规定，专利违法行为和专利侵权行为情节严重，构成犯罪的，应承担刑事责任。根据我国《专利法》和《刑法》之有关规定，侵害专利权及违反《专利法》应承担刑事责任的情形有以下几种：

（1）假冒他人专利。我国《专利法》第68条规定，假冒专利的，构成犯罪的，依法追究刑事责任。我国《刑法》第216条规定，假冒他人专利，情节严重的，处三年以下有期徒刑或者拘役，并处或者单处罚金。

（2）泄露国家秘密。根据我国《专利法》第78条规定，违反《专利法》第19条规定向外国申请专利，泄露国家秘密的，由所在单位或者上级主管机关给予行政处分；构成犯罪的，依法追究刑事责任。我国《刑法》第398条规定，国家机关工作人员违反保守国家秘密法的规定，故意或者过失泄露国家秘密，情节严重的，处三年以下有期徒刑或者拘役；情节特别严重的，处三年以上七年以下有期徒刑。非国家机关工作人员犯前款罪的，依照前款的规定酌情处罚。

（3）玩忽职守、滥用职权、徇私舞弊。依照我国《专利法》第80条之规定，从事专利管理工作的国家机关工作人员以及其他有关国家机关工作人员玩忽职守、滥用职权、徇私舞弊，构成犯罪的，依法追究刑事责任；尚不构成犯罪的，依法给予处分。

四、专利权保护与企业技术生命战略管理的重要性

从上述华为诉IDC案可以看出，华为的胜诉主要来自两个方面：一是对于相关技术的准确把握。美国国际贸易委员会（ITC）初步裁决的不侵权结

论也印证了这一点，一方面是对于技术内容的准确了解，另一方面也是对于相关专利法规中对于专利权保护范围的准确解读，只有从法律法规和技术上两方面的准确把握才能正确判断最终的走向。二是对于应诉策略的正确选择，从双方的纠纷开始，华为就做好了充分的准备，从始至终一直采用一种积极应对的策略，该案之前，在美国涉及标准必要专利的"337调查"从未导致反垄断调查，而此次华为在深圳市中级人民法院提起的反垄断诉讼并最终获胜是一个非常有效的反诉手段，国家发改委的及时介入也成为最终达成和解的关键助推。

华为的胜诉可以说给了走向海外过程中遇到类似知识产权纠纷的中国企业一针强心剂，与中兴通讯和 Vringo 公司的专利战类似，中国企业都与对方达成了一个较为有利的协议，不仅平息了纠纷，也为企业更加平稳地拓展海外市场提供了知识产权环境保障。

同时，这也为相关企业在今后遇到类似诉讼时增强了应对的信心。对于相关企业而言，一方面，要不断增强自身的技术实力，尤其在一些行业标准的制定过程中增强话语权，增加与对手谈判的筹码；另一方面，要对相关国家的法律法规有一定了解，一旦遇到诉讼或者调查时知晓相关的应对手段，从而能在自身拥有较强技术的基础上选择适当的应对策略，这样才能获得一个比较满意的结果。

▶ **思考题**

1. 为何对于专利权不同权项（销售权、许诺销售权等）侵权行为的认定有不同的规定？

2. 如何利用好《专利法》规定的侵权行为对企业的技术生命周期战略进行布局？

第三节　商标保护与企业品牌培育发展的战略管理

商标保护是现代国际贸易体制的基本规则。在国际市场，知名品牌的认定有着通行的国际标准,它必须具备以下条件:第一,商标价值在10亿美元以上;第二,使用商标的商品的海外销售额、利润额分别占到销售总额和利润总额的20%和30%以上;第三,该商品在市场具有影响力、控制力。❶ 中华商标协会于2023年发布《知名商标品牌评价规范》团体标准,确立了全国首个知名商标品牌的团体标准。该标准以注册商标为载体的品牌为评价对象,以法律基础、市场竞争力和影响力为主要评价内容,从法律、管理、市场、财务以及社会责任五个维度,规范知名商标品牌评价活动。❷

一、商标权的保护范围

总的来说,商标权的保护范围有两类:

(1) 为了防止混淆确定的保护范围。防止混淆是商标保护的基本出发点,商标是用来区分商品来源的标志,商标功能的实现要求商标的符号构成具有识别性和区别性两种能力,识别性要求商标简洁、可记忆,能够和特定来源相联系;区别性要求商标与他人的商标不相同、不近似,不会引起混淆。"混淆"是商标保护中的核心问题,也是商标法中的一个基本概念。混淆的可能,决定着商标权保护的范围,也是认定使用行为是否构成侵权的标准。所谓混淆,是指已经或可能对商品或服务的来源及有关方面发生错误认识。混淆具有广义和狭义之分。狭义的混淆是指商业来源的混淆,即公众可能对商品或服务的出处产生错误,将假冒者的商品或服务误认为是商标权人的商品或服务。狭义混淆所指的"来源"或"出处"混淆一般发生在同一种商品或服务之间。广义的混淆,是指除了来源、出处的混淆,对商品或服务的其他方面产生相同性的误认,例如将商标用于不相同、不类似的商品上,公众可能错误地认为两个经营者之间存有某种联系,如误认为两者之间存在隶属关系、赞助关系、许可关系。广义的混淆可以发生在相同、类似商品上,也

---

❶ 吴汉东. 品牌提升中国"软实力"[N]. 人民日报,2012-08-23 (17).
❷ 商文. 中华商标协会发布《知名商标品牌评价规范》团体标准 [N]. 中国消费者报,2023-03-24 (1).

可以发生在两种不同的商品或服务之间。传统商标法上的混淆仅限于狭义混淆，随着市场经济的发展，经营模式的多样化，商业经营关系的复杂化，混淆的范围扩大了，由狭义混淆扩大到广义混淆。在我国司法实践中，认定行为人的商标使用行为是否容易导致混淆，视其是否易使相关公众对商品的来源产生误认或者认为其来源与商标权人注册商标的商品有特定的联系。即采用广义混淆的标准。

（2）为防止淡化确定的权利范围。现代社会商标功能扩大，尤其是驰名商标所拥有的良好声誉和广告价值，使其成为企业进行市场竞争的王牌。借用驰名商标的知名度，将驰名商标用于非类似、无竞争关系的商品或者服务之上，有意或无意地让人对其商品与知名品牌产生联想，这种使用行为虽然不会引起商品来源的混淆，但可能冲淡驰名商标的显著个性，削弱驰名商标的影响力，给商标所有人的声誉带来负面影响。因此，对驰名商标的保护单纯制止混淆是不够的，需要在混淆之外，制止其他有损于商标价值和声誉的不当使用行为。反淡化理论就是在这种情况下被提出来的。反淡化的核心是保护商标的独特个性和良好声誉。驰名商标具有较强的识别性，标志与特定来源之间的关系紧密，能够产生公众吸引力，一些驰名商标甚至产生了特定性，例如，提起"柯达"就意味着胶卷，提起"劳斯莱斯"就意味着尊贵豪华。驰名商标这种指示来源的显著性使其具有特殊的保护价值，虽然他人在非类似商品或服务上使用驰名商标和混淆不相干，商标所有人所受到的损害也并非因混淆导致顾客转移，但使商标独特的识别功能被削弱，广告价值被减损或者商标声誉被降低。因此，保护驰名商标，就必须保护其独特性。商标淡化不同于传统的商标侵权，并不以在相同或类似商品上使用为前提，也不以引起公众混淆为条件。制止淡化的目的是保护商标的识别性，即指示来源显著性。只有高度驰名且显著性强的商标才具有这种受保护的利益，因而反淡化是给予驰名商标的一种特殊保护。

二、商标的侵权行为

侵害商标权是指未经商标所有人同意，擅自使用与注册商标相同或近似的标志，或者妨碍商标所有人使用注册商标，并足以引起消费者混淆的行为。我国《商标法》第57条、《商标法实施条例》第75条，以及最高人民法院《关于审理商标民事纠纷案件适用法律若干问题的解释》第1条，以列举的方式规定了侵犯注册商标专用权行为，司法实践中按照上述法律规定认定商标侵权行为及其类型。据此，下列行为均属侵害商标权的行为。

（一）使用他人注册商标

未经商标注册人的许可，在同一种或者类似的商品或服务上使用与注册商标相同或近似的商标。此类行为主要发生在商品生产领域，即制假行为，行为人为商品的制造商或服务项目的提供者。此种侵权行为直接侵犯了商标权人的禁止权，是一种最典型的侵权行为，也是后面各个环节侵权行为的源头。此种侵权行为又分为四种情形：（1）在同一种商品上使用相同商标；（2）在同一种商品上使用近似商标；（3）在类似商品上使用相同商标；（4）在类似商品上使用近似商标。在第一种情形中，被指控的商标与商标权人主张的注册商标相同，商品亦相同，已构成假冒注册商标行为，是一种严重的商标侵权行为。其余几种情形属于商标或商品之间有相似性，容易造成消费者混淆，因而构成侵犯商标权的行为。

（二）销售侵犯商标权的商品

销售侵犯注册商标专用权的商品，此种侵权行为的主体一般为商品经销商。商标侵权行为人的全部目的在于牟取经济利益，侵权产品只有通过销售渠道售出后，这一目的才能实现，因而必然有销售者的参与。禁止和制裁经销侵权商品的行为，无异于在流通环节上设置一道法律屏障，使侵权人的目的难以得逞，亦可减少侵权行为对社会造成的危害。需要注意的是，此种侵权行为的构成与侵权法律责任之间的关系。我国《商标法》第64条第2款规定：销售不知道是侵犯注册商标专用权的商品，能证明该商品是自己合法取得并说明提供者的，不承担赔偿责任。这就是说，非法销售行为的构成，并不以销售者在主观上是否存在"明知"或"应知"的过错为前提，只要行为人实际上销售了侵犯注册商标专用权的商品，即构成对商标权的侵害，应当停止继续销售。

(三) 伪造商标标识

伪造、擅自制造他人注册商标标识或者销售伪造、擅自制造的他人注册商标标识，侵权行为的实施者一般为从事商标印制的企业或个体工商户，其行为专为制假售假提供条件。具体包括三种情况：(1) 未经商标权人授权和委托而制造其商标标识；(2) 虽有商标权人的授权或委托，但超出授权或委托的范围，制造其注册商标标识；(3) 销售他人注册商标标识。按照我国商标印制管理法规的规定，商标印制单位必须是依法登记，并经其所在地县级以上工商机关确定为"指定印制商标单位"的企业或个体工商户。印制单位在承揽商标印制业务时，应当查验商标印制委托人提供的有关证明文件。印制的商标图标应与有关证书上的商标标识一致。严格禁止买卖商标标识。印制过程中的废次商标标识必须销毁。因此，伪造或销售注册商标标识的，不论哪一种形式，都违反法律规定，属于侵犯注册商标专用权的行为。

(四) 更换商标

更换商标，即未经商标注册人同意，将其注册商标撤下后换上自己或第三人商标并将该更换商标的商品又投入市场的行为。前述三种行为均属复制他人注册商标并用于产品、服务或广告中，试图将自己的产品说成他人的产品。更换商标与上述行为的方向相反，在商品流通过程中，未经权利人同意撤下原商标换上自己或他人的商标，也就是将他人的产品说成自己的产品。这种行为又称为"反向假冒""产品替代"。乍一看，商标反向假冒直接针对的是产品而非商标，认定为侵犯商标权的行为似有牵强之嫌。但若全面分析商标之功能、商标权之内容，就可以看到这种行为对商标权的侵害。例如，商标的功能在于标识商品或者服务来源，且其中蕴含着商标的信誉，使消费者能够一看到该标识就想起来商标对应的产品或者服务好或者不好。但是在"反向假冒"中，产品或者服务并不是本身拥有原商标的权利人所有，擅自更换商标的目的是让消费者认为自己的产品或者服务和原产品或服务的质量等同。于是，一个拥有"尼克"商标的所有权人将"尼克"换在"耐克"

商品上，拥有"耐克"标识的鞋子却有了"尼克"商标，消费者会误认为"尼克"就是"耐克"。所以这种"产品替代"将会削弱"耐克"产品的市场竞争力，造成消费者混淆，从而造成商标权的侵害。

（五）为商标侵权行为提供便利条件

2013年《商标法》（现行《商标法》沿用）将原《商标法实施条例》中的"为商标侵权行为提供便利条件"纳入其中，在第57条第6项中进行规定，即"故意为侵犯他人商标专用权行为提供便利条件，帮助他人实施侵犯商标专用权行为的"行为，属于商标侵权。实践中这种帮助侵权主要包括故意为侵犯他人注册商标专用权行为提供制造、仓储、运输、邮寄、隐匿和认证等便利条件。市场上的制假售假活动随着经济的发展也变得组织化和专业化，而且组织起一条龙的产、供、销网络。其中仓储、运输、邮寄、隐匿等就是为整个侵权活动服务的不可缺少的环节。从事这些分工协作的人虽然不是直接侵权行为人，但其为制假售假提供便利条件，造成了侵害商标权人利益的后果，因而与直接侵害商标权的行为构成共同侵权。

（六）将他人注册商标用作企业字号使用

为了更好实现与《反不正当竞争法》的衔接，2013年《商标法》将《商标法实施条例》中"将商标作为企业名称使用"吸收到法律层级中，规定"将他人注册商标、未注册的驰名商标作为企业名称中的字号使用，误导公众，构成不正当竞争行为的，依照《中华人民共和国反不正当竞争法》处理"，此后该条文一直沿用。此一侵权行为是指将与他人注册商标相同或者相近似的文字作为企业的字号在相同或者类似商品上突出使用，容易使相关公众产生误认。这种行为的违法性表现在"突出使用"与商标相同或近似的字号。正常情况下，即使商号与商标相同或近似，但规范地使用企业名称全称，并不会引起误认。商标所有人认为他人将其商标作为企业名称不当使用，可能欺骗公众或者造成公众误解的，可以向法院起诉，制止他人对其商标的不当使用，也可向企业名称登记主管机关申请撤销该企业名称登记。

(七) 其他侵权行为

其他侵权行为，是指在上述侵权行为之外给注册商标造成损害的行为。我国《商标法实施条例》和最高人民法院《关于审理商标民事纠纷案件适用法律若干问题的解释》对此作出了进一步规定。

三、商标的侵权责任

商标权具有私权性质。因侵犯商标权引起纠纷时，当事人可以自行协商解决，不愿协商或者协商不成的，商标权人或者利害关系人可以向人民法院起诉，也可以请求工商行政管理部门处理。工商行政管理部门依法查处商标侵权案件和受理商标侵权纠纷案件是我国知识产权保护的特色。行政保护具有及时快捷和程序简化等特点，在实践中一些权利人在商标权受到侵害时倾向于选择行政救济。如果当事人先向法院起诉，工商行政管理机关不再就同一当事人提出的同一商标侵权纠纷立案受理。如果工商行政管理机关先于人民法院立案，或者行为人对社会经济秩序造成损害而没有受到相应处罚，或人民法院仅就侵权人和被侵权人的损害赔偿纠纷进行审理，工商行政管理机关仍可以受理。在法律适用上，工商行政管理部门对于有关商标法的司法解释可以作为办案的参考，但不宜直接适用司法解释。由于商标侵权纠纷属于民事纠纷，司法救济应是解决民事权利纠纷的最终途径。所以，当事人向工商行政管理部门就商标侵权行为请求处理，又向人民法院提起侵权诉讼请求损害赔偿的，人民法院应当受理。侵害商标权，应视情况承担民事责任、行政责任和刑事责任。

(一) 民事责任

民事责任方式主要包括停止侵害行为和赔偿损失。其中停止侵害的行为包括：(1) 侵犯注册商标专用权的行为；(2) 侵害他人注册商标、未注册的驰名商标的行为。对于民事责任赔偿损失中赔偿数额的认定，《商标法》第63条规定了以下几种计算方式：第一，按照权利人因被侵权所受到的实际损失确定赔偿数额；第二，在实际损失难以确定的前提下，可以按照侵权人因侵权所获得的利益确定；第三，当权利人的损失或者侵权人获得的利益都难以确定的情况下，参照该商标许可使用费的倍数合理确定；第四，《商标法》还明确规定了惩罚性赔偿，即对恶意侵犯商标专用权、情节严重的，可以在按照上述方法确定数额的1倍以上5倍以下确定赔偿数额。

（二）行政责任

根据《商标法》有关规定，工商行政机关有权采取的行政责任方式主要包括：（1）没收、销毁侵权商品和专门用于制造侵权商品、伪造注册商标标识的工具；（2）收缴并销毁侵权商标标识；（3）消除现存商品上的侵权商标；（4）收缴直接专门用于商标侵权的模具、印版和其他作案工具；（5）采取前四项措施不足以制止侵权行为的，或者侵权商标与商品难以分离的，责令并监督销毁侵权商品。

对侵犯注册商标专用权的行为，尚未构成犯罪的，工商行政管理机关根据违法经营额或侵权情节处以罚款。工商行政管理部门处理时，认定侵权行为成立的，责令立即停止侵权行为，没收、销毁侵权商品和主要用于制造侵权商品、伪造注册商标标识的工具，违法经营额5万元以上的，可以处违法经营额5倍以下的罚款，没有违法经营额或者违法经营额不足5万元的，可以处25万元以下的罚款。对五年内实施两次以上商标侵权行为或者有其他严重情节的，应当从重处罚。销售不知道是侵犯注册商标专用权的商品，能证明该商品是自己合法取得并说明提供者的，由工商行政管理部门责令停止销售。

《商标法》第68条还专门规定了商标代理组织的责任：商标代理组织存在下列行为的，由工商行政管理部门责令限期改正，给予警告，处1万元以上10万元以下的罚款；对直接负责的主管人员和其他直接责任人员给予警告，处5000元以上5万元以下的罚款：第一，办理商标事宜过程中，伪造、变造或者使用伪造、变造的法律文件、印章、签名的；第二，以诋毁其他商标代理组织等手段招徕商标代理业务或者以其他不正当手段扰乱商标代理市场秩序的；第三，代理商标注册过程中未遵循诚实信用原则，未尽到保守商业秘密和告知义务,或侵害被代理人其他权益的。如商标代理组织有前述情形,情节严重的,商标局、商标评审委员会并可以决定停止受理其办理商标代理业务,予以公告。同时,商标代理组织违反诚实信用原则,侵害委托人合法利益的,应当依法承担民事责任,并由商标代理行业组织依照章程规定予以惩戒。

(三) 刑事责任

刑事责任方式主要包括罚金、拘役、有期徒刑等。我国《刑法》第213—215 条规定了三种侵犯商标权的犯罪及其刑事责任:一是假冒注册商标罪,未经注册商标所有人许可,在同一种商品、服务上使用与其注册商标相同的商标,情节严重的,处三年以下有期徒刑,并处或者单处罚金;情节特别严重的,处三年以上十年以下有期徒刑,并处罚金。二是销售假冒注册商标的商品罪,如果行为人销售明知是假冒注册商标的商品,违法所得数额较大或者有其他严重情节的,处三年以下有期徒刑,并处或者单处罚金;违法所得数额巨大或者有其他特别严重情节的,处三年以上十年以下有期徒刑,并处罚金。三是非法制造、销售非法制造的注册商标标识罪,即行为人伪造、擅自制造他人注册商标标识或者销售伪造、擅自制造的注册商标标识,情节严重的,处三年以下有期徒刑,并处或者单处罚金;情节特别严重的,处三年以上十年以下有期徒刑,并处罚金。

四、商标保护与营商环境法治化优化的重要联系[1]

党的十八大以来,习近平总书记高度重视品牌建设,早在 2014 年就提出"中国产品向中国品牌转变"的重要战略。为大力宣传知名自主品牌,讲好中国品牌故事,提高自主品牌影响力和认知度,自 2017 年起,我国将每年 5 月 10 日定为中国品牌日。[2] 实施商标品牌战略,是我国适应供给侧结构性改

---

[1] 吴汉东. 中国制造业发展与企业品牌战略实施 [J]. 山东经济战略研究, 2016 (9).
[2] 5 月 10 日: 中国品牌日 [N]. 解放日报, 2017 – 05 – 10 (5).

革、提升供给质量的迫切需要,也是我国适应消费升级趋势、推动消费增长的迫切需要,更是我国适应经济全球化趋势、提升国际竞争力的迫切需要。

法律保护是确保企业品牌战略有序实施的制度保障。品牌在法律层面上表现为商标权、商号权、地理标志等知识产权。因此,我们应当切实加强商标等知识产权的保护,遏制商标恶意抢注行为,加大对驰名商标、地理标志、涉外商标、老字号商标等的保护力度。通过法律对知识产权的保护,营造良好的营商环境,确保企业品牌战略有序实施。具体来说,对商标权的法律保护可以促进产品在市场上有序流通,对于企业商号权的法律保护可以确保企业在市场上的合法地位,为品牌价值提升提供保障。对地理标志的法律保护更多地体现为维护具有特殊地域属性的产品的专属性,确保相关品牌的独特价值。因此,为实现企业品牌战略高效实施,政府的主要任务是为企业品牌建设营造良好的法治环境,确保企业相关权利能获得法律的有力保护,推进品牌经济持续健康发展,而不是给企业颁发各类品牌荣誉。

▶ 思考题

1. 为何商标权的保护与企业品牌战略密切相关?
2. 国际品牌战略中我国品牌战略如何通过商标权保护予以促进?

本篇拓展阅读推荐

[1] J. C. 米勒，R. 塞拉托，G. 孔达尔，等. 纳米技术手册：商业、政策和知识产权法 [M]. 周正凯，邱琳，译. 北京：科学出版社，2009.

[2] 王润华. 第四知识产权：美国商业秘密保护 [M]. 北京：知识产权出版社，2021.

[3] 石子义. 非常商道 [M]. 北京：机械工业出版社，2023.

[4] 帕科·昂德希尔. 顾客为什么购买 [M]. 缪青青，刘尚焱，译. 北京：中信出版社，2021.

[5] 杜晓帆. 文化遗产价值论探微 [M]. 北京：知识产权出版社，2020.

致　　谢

在知识产权法学的学习道路上,我已经莽莽撞撞地走了十余年。在这条我热爱并且想要终身奉献的学科道路上,我目前还是一名顶着大学老师身份的知识产权法学专业法科生。在学习与教学并行的旅程中,我承担了《知识产权管理》课程的教学,教学过程中存在困惑且遇到教学难题自然是正常的,但也很难一下就能克服。其中,最难克服的表面问题有两个:一是课程教材选用与教学老师知识面不适配,二是知识产权法学本科专业设置的知识产权管理课程与知识产权学科体系教学门类有重合。显然,教学老师知识面的不适配可以通过后天学习,并且经过不断强化而习得。教学老师甚至可以开展联合教学模式,来强化《知识产权管理》课程中管理学内容的学习,只是需要一些时间,而这些需要时间学习的内容,似乎学生自己也能在未来的进修中实现。那么,《知识产权管理》课程中重合教学的部分,如专利检索课程似乎也可以简要带过,留给其他更为专业的教师去讲授。但这种反思与学习让我更加困惑,知识产权法学专业本科生在学习过《知识产权总论》《著作权法》《专利法》《商标法》后,对《知识产权管理》的内容需求应该是怎样的。

党的二十大提出了全面建成社会主义现代化强国的目标任务,明确"科技是第一生产力、人才是第一资源、创新是第一动力"。学科建设是人才培养的基础土壤,站在新的历史起点上,有必要面向国家重大战略需求,升级完善中国特色知识产权学科体系和人才培养体系。❶ 在与学生交互式教学的过程中，我发现《知识产权管理》课程可以在最大限度上激发他们对知识产权法学专业的认可度、热爱度和价值度。那么，国家知识产权战略管理的部分必不可少，企业知识产权战略管理的典型案例更为直观，并且了解企业、国家和国际层面的知识产权管理内容亦有必要。于是，这本不成熟且未来仍需要各位专家学者、业界同人和学生批评指正的《知识产权管理》教材开始了编写和完善之路。

  首先，我要感谢的是我就职的杭州师范大学沈钧儒法学院，以及重视青年教师未来发展的汪红飞院长、赵元成副院长、余钊飞副院长和知识产权所所长袁杏桃教授，如果没有学院各位领导的大力支持，此书的编写与出版可能要付诸东流。其次，要感谢的是为法学创新课程教材作序的蒋铁初教授、在编纂体例上提供建议的邵劭教授以及沈钧儒法学院奉献智识的知识产权所所有同人，包括张费微老师、余永祥老师、李文清老师和周洪涛老师等。而在精神上，我首先要感谢的是程林副教授打造的青年学术交流的友好氛围，以及王好老师、张挺副教授、张弛老师、孙伯龙主任、崔皓老师、尹建斌主任、钱文杰老师、安恒捷老师、陈安然老师等法学院各位老师给予的精神支撑和学术供给。感谢法学院党支部董伟书记和张昌羽书记的精神指引，以及学工部翟晓春老师、万燕老师和金成老师的持续帮助。我还要感谢同门张倩师妹，在我教材编写中为我提供思路，并负责校对和文献提供工作。在《知识产权管理》编写的过程中，还要感谢知识产权出版社刘江副编审的细心校对、耐心指导和启发引导，为本书的出版付出了很多体力和智力劳动。我还要感谢母校中南财经政法大学知识产权学院黄玉烨院长、马一德教授、何华教授和詹映教授，在专业素养上的指引。最后，我最要感谢的是恩师吴汉东

---

  ❶ 马一德. 构建知识产权学科和人才培养新体系［N］. 中国社会科学报，2023 – 11 – 21 (A05).

教授和硕士生导师肖志远副院长，受恩师和导师影响，让我对《知识产权管理》教材编写有了"启发式学习"定位。两位恩师在我毕业参加工作后，还关注我的学术发展和生活状况，让我无法用言语表达感激之情。

我希望，这本《知识产权管理》教材的出版是起点，但不是终点。它可以在未来的改进中更好，且更好的不只是这本教材，而是这本教材能够成为国家知识产权强国建设实现时，仍旧闪烁的一颗小星星。

2024 年 5 月 5 日

杭州师范大学·恕园